走·出·课·本·探·文·化

语文出版社
·北京·

图书在版编目（CIP）数据

中学文言文解惑 / 罗泽贤著. -- 北京 : 语文出版社，2012.9（2019.4重印）
走出课本探文化
ISBN 978-7-80241-610-9

Ⅰ. ①中… Ⅱ. ①罗… Ⅲ. ①文言文－中学－教学参考资料 Ⅳ. ①G634.303

中国版本图书馆CIP数据核字(2012)第224928号

责任编辑 朱春玲
装帧设计 刘姗姗
出　　版 语文出版社
地　　址 北京市东城区朝阳门内南小街51号　100010
电子信箱 ywcbsywp@163.com
排　　版 语文出版社照排室
印刷装订 北京天宇万达印刷有限公司
发　　行 语文出版社　新华书店经销
规　　格 787mm×1092mm
开　　本 1/16
印　　张 11.75
字　　数 131千字
版　　次 2013年6月第1版
印　　次 2019年4月第2次印刷
印　　数 3,001-13,000
定　　价 22.50元

010-65253954（咨询） 010-65251033（购书） 010-65250075（印装质量）

目 录

附录

学校应加强软实力的建设

（代序）

欧阳振贤

罗泽贤老师于20世纪50年代分配到我市第二中学担任语文教学，始终在教学第一线效力。由于他勤奋钻研学问，认真对待教学工作，努力探讨教学方法，形成了自己的教学特色，颇受学生欢迎，并取得了很好的教学效果，被评为第一批中学语文特级教师。罗老师还在较长时间内任我市中学语文教学研究会会长，为全市中语教学作过一定的贡献。90年代末退休以来，仍继续关注着中语教学的进展。他任教时，对中语教材古典文学中出现的一些古文史知识比较重视，认为加强这方面的教学，除符合语文教学本身的要求外，又是让学生接受传统文化教育，培养爱国主义精神的重要一环。现在，他将教学时在这方面积累的材料整理成文，分送同行参考，并特意送给我请求审阅。

我从高校教育系毕业后，一直从事教育行政管理工作。尤其自1984年至2000年的十六年间，担任株洲市教育部门的负责人，所以教育工作就是我的一切。在长期从事教育领导工作中，深刻领会到，要办好教育，除了党的教育方针政策，就一所学校而言，最重要的莫过于搞好两个基本建设，即硬实力与软实力的建设。所谓硬实力是指物资方面的东西，如校舍、教学设施、设备等；软实力则是指学校教师队伍的素质，学校的校风、教风，校园文化等。两者相比，从某种意义上讲，硬实力的建设相对来说还较容易一点，尤其是现在，我们国家的经济高速发展，为办好教育提供了雄厚的资金，有条件为学校购置各种所需的硬件。而软实力的建设却要困难得多，它需要教育工作者的艰苦摸索，还需要时间，需要积累，不可能一蹴而就，这正是在教育第一线的同志们应该花大力气做的事情。罗老师退休以后，仍时常在报纸杂志上发表些相关文章，讨论的问题都出自中学语文教材，承蒙他征求我的意见，我不是这方面的专家，不宜妄加评论。我想，也许他的这些文章谈不上有什么惊人的独见，但他是从对某一问题该怎样进行教学的角度来写的，是“正宗的土产”，对本地中学语文教学同行和学生很有参考价值，特别是对当前一批接触古典文学不多的青年教师尤有实际意义。罗老师年届八旬，早已进入颐养天年之时，仍不忘过去从事的工作，真正地在发挥余热。教学经验的积累，是学校软实力的一部分。我们国家向来提倡薪火相传，将老教师的这份经验传承下去，自然增加了学校的文化底蕴，我觉得应该肯定，因此，不顾自己也处在退休之位，我积极鼓励支持罗老师将这本书出版，写上这些话，希望本书能得到他的同行们的热切反响。

（作者系株洲市原教育局局长，市教委主任、党委书记）

写在正文前的话

罗泽贤

人们在工作或学习中，总会遇到各种各样的疑难。所有的疑难都是一个未知数，解开了这个未知数，就会给解难者增加一分知识，所以疑难充满着诱惑力，激励着追求知识的人去探求它的奥秘。我在担任中学语文教学时，经常碰到一些古代文化常识方面的疑难，有的事物看上去似乎非常微小、无关紧要，但如果不就这一事物在文中所表达的内容将其古今的意义加以沟通，并作有针对性的诠释，就会影响到对整篇课文的理解，比如《殽之战》一文，写秦穆公“素服郊次”，迎接在殽山被晋国打败逃回来的将士时，他向将士们承认发动这场战争是自己的错误，连称“孤违蹇叔”“孤之罪也”“孤之过也”，一般的注解都只说“孤、寡”是古代王侯的谦称，但两者同属谦称，“孤”与“寡”有无区别，注解却没有进一步说明。此处，秦穆公何以称“孤”而不像通常那样道“寡”呢？原来，当时有个习惯，诸侯在服

丧期间或者国家遭受灾难时，就自称为“孤”，以表自我贬损之意。懂得了“孤”“寡”区分的这种奥秘，方可理解秦穆公此处称“孤”的这份用意，学生才能体会到他向将士们认错的态度确实出于真诚，心情也比较沉痛，自我称呼为孤，完全符合他讲话时的氛围，从而认识秦穆公这个人物既有拒绝蹇叔劝谏、固执己见的一面，也有勇于认错、知过即改的另一面，这样，他的性格特征就丰富而复杂多了，说明他后来之所以能够称霸西戎绝非偶然。又有一些历史掌故，假如不了解其原始意义，就可能成为读通课文的绊脚石，如《谭嗣同》一文，引用谭嗣同嘱托梁启超的话“不有行者，无以图将来；不有死者，无以酬圣主。今南海之生死未卜，程婴、杵臼；月照、西乡，吾与足下分任之”。如果不知道这四人为保卫其主人所经历的艰险和付出的代价，就难以领悟到谭嗣同为捍卫戊戌变法而甘愿牺牲是受到了古今中外坚持正义的名人行为的影响，有其深刻的历史渊源，所以才如此坚定。以上两个类型的事例，充分说明在语文教学中，如果忽略了文史知识的教学，那对教材的分析、理解就要受到一定的限制，教学效果就要大打折扣。

再者，语文这门学科，除讲授语言文字、文学等基本知识之外，更有一个教育学生热爱祖国、继承民族优秀文化传统的大任。我们的祖国是一个历史悠久的文明古国，我们的民族创造了光辉灿烂的古代文化。不仅对中华民族的形成和发展产生过巨大的凝集力，而且对今天继续弘扬爱国主义思想，建设社会主义精神文明仍有重要的现实意义。爱祖国、爱我们的中华民族绝不是一个抽象的口号，只有通过一件件具体的事物或事例，才能真正理解我们民族的文化有多精深，阅读了诸如“赵人徐夫人之匕首”“破镜重圆”中之铜镜，各种礼器中“宝鼎”等一系列有关青铜器知识的文献，就会为我们祖国冶炼业历史的悠久和技术之高超而自豪；读了乐羊子妻责备其夫拾遗金不义的记载，就知道中华民族讲究节操之风有着怎样的源远流长……祖国、民族的可爱已不是一句空洞的口号，而变得非常具体、亲切。

如今，一些所谓的新新人类以崇尚西方生活方式为时髦，开口哈喽，闭口拜拜；穿的牛仔裤，吃的肯德基、麦当劳，过的圣诞节。正如某网上的一段话所说：“我们已经没有自己的文明，没有民族的特色，所余下的能称得上民族的东西，除了筷子、菜肴和汉字以外，还有什么呢？我们的审美标准，我们的价值观念，我们的人际关系准则，全都被时代遗弃。我们活得越来越世俗，越来越利益化。”话虽说得尖酸刻薄点，但颇具警醒作用。作为一门最能体现传统文化特色的专业课程——语文，如能在这时候加强些历史和传统文化知识的教学，无异于雪中送炭，正得其时。

基于这样的考虑，我在往昔的教学中，对教材中的有关文史知识（限于出现在古典文学作品中的）作了较多的关注，还做了些札记，趁现在退休之际，将它整理出来，意欲供学校同行们参考，或者作为中学生课外阅读资料，算是尽一份捍卫传统文化的责任。需要说明的是，历史包括了我们祖先的全部活动史，文化常识涵盖的内容也非常广泛，举凡天文地理、礼仪习俗、姓名称谓以及人们的衣食住行、器物用具等都是，要将这些内容全部介绍一番自然是不可能的，也不是我所能胜任的。我只是将中学语文教材中出现的部分文史知识作了一般性的介绍，重点落在探讨这一知识在某篇文章的具体语言环境中，表达什么意思，起什么作用，作者何以要这样写等。虽然是些“鸡毛蒜皮”的小问题，但每一个问题都充满魅力，都是认识祖国悠久文明的一把小钥匙，弄通了还是蛮有收获的。

为了让读者清楚地知道本书某文所介绍的文史知识与教材的具体关系，在每篇文章标题之后，对教材篇目的名称和所要讲解的文史知识都加以说明。本书篇目的次序，大体上是以所讨论问题的教材篇目的写作时间为标准，即按先秦、两汉、唐……的次序排列，但也不是特别严格，因为有时同一问题出现在多篇教材中之故。

文史是一门高深的学问，而我的文史知识非常浅陋，之所以不揣冒昧写起解读这方面疑难的文章来，完全因为自己是教学第一线的教师，觉得以我这样的身份这样的角度看待问题、分析问题，也许更符合中学教师和学生的要求，所以就写了这本《中学文言文解惑》，错误一定很多，敬请原谅、指正。

御者和车右在车战中的地位

遂发命，遽兴姜戎。子墨衰绖，梁弘御戎，莱驹为右。

——《左传·殽之战》

中语教材：《殽之战》

文史知识：春秋时车战的有关情况

《殽之战》一文，写秦国的军队越过晋国的边境去偷袭晋的邻国——郑，半路上被郑商人弦高遇见并识破他们的阴谋。秦军的将领们估计这回偷袭是难以得逞了，但又不甘心空手而归，便灭了滑国才率领军队返秦。其时，正忙着给刚刚去世的晋文公治丧的晋国新君及臣僚得知这一消息，立即决定搁置丧事，出兵伏击秦军。文章写道："遂发命，遽兴姜戎。子墨衰绖，梁弘御戎，莱驹为右。夏四月辛巳，败秦师于殽。"

这次战争实际上是秦、晋争霸的战争，打败秦军，即粉碎了他们企图东进中原的野心，所以在春秋战史上占有一定的位置。然而，记载这次战争的历史文献《左传》，却没有详写战争的具体情况，倒是记下了给晋国主帅晋襄公驾车和做保卫的人的姓名："梁弘御戎，莱驹为右。"假如在现代战争中，战史学家也把替统帅驾驶军车的司机及其随身保镖的名字摆在这么突出的位置，肯定会被人讥为颠倒主次、不合道理。那么《左传》何以要这样写呢？这就得从当时的战争是以车战为主这个特点去寻找答案。

我国历史上，原始社会的战争以步战为主，但到了商代晚期，步战就逐渐让位于新崛起的车战了。到了春秋时，车战成了作战的主要方式。那时，诸侯各国角逐的中心区域在关中和中原地带。这里土地平坦，面积辽阔。兵车，在这块广阔的平原上行驶方便，速度又快，有点类似于现代战争中的坦克或摩托，掩护着步兵协同作战，进退自如，成为当时作战的主要工具。

按春秋的兵制，每辆兵车上有甲士 3 名。左边的弯弓射箭，是一车之首，称"车左"；右边的执长兵（矛、戈等），主格斗，并负责为战车排除障碍，称"车右"，又称"参乘"；中间的负责驾驭。如果是乘载主将的帅车，主帅要在车上亲掌旗鼓，指挥战斗。为了适应这种需要，这时主帅居中，御者居左，"车右"负责保卫主帅。两军交战，带兵的统帅自应受到特别保护，为统帅驭车的人以及负责保卫的"车右"，都要经过严格的挑选。

先说"御者"。凡是驾车的人必须善于驭马，因此，驾车就成了一项专门技术。那时的贵族男子，几乎都要学会"礼、乐、射、御、书、数"六种本领。"御"就是驾车。掌握了这"六艺"（编者注，这里的"六艺"是指六种技能，儒家研究整理的《诗》《书》《礼》《易》《乐》《春秋》等文化典籍也称"六艺"，二者不同。）的人，可以称得上文武双全。所以贵族男子都能驾车打仗。不过担任为统帅御戎的人，除了有高超的御马能力，还应该具备对国家、对主帅绝对忠诚的品质。《左传·宣公二年》记郑国进攻宋国，宋国由华元率师迎战。开战前夕，华元宰羊犒劳士卒，没有分给为自己御戎的羊斟吃，不料羊斟怀恨在心，开战时，竟故意将帅车赶入郑军，一边愤愤地说："畴昔之羊，子为政，今日之事，我为政。"结果华元被俘。失掉了主帅，无人指挥，导致宋军全军覆没。确定什么人来御戎，可不慎乎！

至于"车右"，更要挑选武、德双全的人来担当。一个出色的"车右"，在关键时刻可以救主帅于危难之中。《左传·宣公二年》记载晋国的暴君晋灵公，荒淫腐朽、草菅人命，执政的赵盾多次劝谏，他不但不听，反而假意请赵盾进宫喝酒，暗中埋伏武士，准备在筵席上杀掉他。赵盾的"车右"提弥明发觉了这一阴谋，就快步走上殿堂，扶着赵盾下殿逃走。灵公嗾使猛犬追咬赵盾，提弥明奋力搏杀，且战且走，救出赵盾，他自己却被伏兵杀死了。在战场上"车右"的作用就更加重要。且看《殽之战》中晋襄公的车右莱驹吧。在开战的第二天，襄公将一个秦国的战俘交给他处死。莱驹领命，举起手中的戈正要砍下去，那俘虏忽然一声大吼，吓了莱驹一跳，不觉手发颤把戈掉在地上。当时，站在旁边的勇士狼瞫（shěn）敏捷地把戈抢过来，立斩秦囚，拉起莱驹追上晋襄公的帅车。晋襄公以此认为莱驹不及狼瞫机智勇敢，取消了莱驹"车右"的资格，由狼瞫担任。后来，在箕地的一次作战中，晋中军元帅（也即三军统帅）先轸废黜了狼瞫，另立续简伯做车右。狼瞫感到受了侮辱，非常生气。他的朋友说："盍死之?"言下之意，要他以死来表示抗议。当时的社会风尚是人格尊严比生命更重要。狼瞫回答道："吾未获死所。”鲁文公二年，秦晋战于彭衙，两军一摆开阵势，狼瞫就带领他的部属率先杀入秦阵，并战死在那里，以证明自己的勇敢，用事实洗雪先前所蒙受的耻辱。《左传》给每次参战的主帅的“御者”与“车右”都作了记载，以晋国为例，鲁闵公元年，“晋侯作二军，公将上军……赵夙御戎，毕万为右”；鲁闵公二年，“晋侯使太子申生伐东山皋落氏……狐突御戎，先友为右”，鲁文公二年，“先且居将中军，赵衰佐之，王官无地御戎，狐鞫居为右”。还可以举出许许多多这方面的记载。这些人大多贵族出身，是晋国的大夫，协助国君治理国事；有些则是军队中的将领，或者是主帅的亲族，如赵夙是晋国名相赵衰的祖父，狐突是晋文公重耳的外祖父。

在公元前589年（鲁成公二年）齐、晋鞌（ān）之战中，《左传》比较详细地记述了双方主帅的“御者”与“车右”在战场上的表现，对我们全面理解“御者”与“车右”的地位很有帮助。那一仗，晋国带兵的统帅是中军元帅郤（xì）克。解张御戎，郑丘缓为右，两人都是晋国的大夫。齐国的统帅就是齐顷公本人。“御者”邴夏，“车右”逢丑父，也都是齐国的大夫。在战斗中，郤克被箭射伤，血一直流到鞋子上，但他仍坚持击鼓作战，实在痛得不行了才说：“余病矣！”他的御者解张生怕郤克泄气，丧失斗志，连忙告诉他：“自始合，而矢贯余手及肘，余折以御，左轮朱殷，岂敢言病？吾子忍之！”车右郑丘缓也对郤克说：“自始合，苟有险，余必下推车（排除车行中的障碍是车右的职责），子岂识之？然子病矣！”解张又说：“师之耳目，在吾旗鼓，进退从之。此车一人殿之，可以集事。若之何其以病败君之大事也？擐甲执兵，固即死也，病未及死，吾子勉之！”说完，就把马缰绳并到左手，右手帮郤克击鼓。拉帅车的战马在鼓声中向前狂奔，晋军士气大振，跟着主帅的战车冲刺，大败齐军。在这场战争中，我们看到了晋国统帅的御者和车右这两个人勇敢坚毅的军人品质，以及正义凛然的献身精神。他们与主帅的关系，绝不是今人心目中军队统帅与司机、保卫人员的关系。更像是一种主将与助手或参谋的关系，这是我们在阅读车战时代的战史时所必须认识清楚的。再看齐国一方，满怀必胜信心的齐顷公吃了败仗，绕着华不住山逃跑。"车右"逢丑父想到齐顷公有被俘的危险，便与齐顷公交换位置。快到华泉时，他们的战车被树绊住了，晋军追上来，误将逢丑父当作齐顷公而俘虏了他。这个"假冒者"立即打发齐顷公去华泉取水喝。凭着逢丑父的忠诚与机智，齐顷公竟得以脱险，再次说明了"车右"的重要性。

上述种种事实，说明"御者""车右"在车战中确实扮演着重要的角色，是任务艰巨、责任重大、特受信任而又享有声誉的职位。他们在每次战斗中，对确保主帅的安全甚至战争的胜负都起着一定的影响。由于职责的重要，迷信的古人往往通过占卜来决定谁担任车右最为吉祥。又以秦、晋韩原之战为例，晋惠公"卜右，庆郑吉，弗使"。由于庆郑出言不逊，晋惠公没有用他，结果惠公被俘。《左传》记下这个事件，意在暗责惠公没能按占卜行事，所以导致那样的后果。这当然是不科学的说法，但可以看出当时带兵的统帅在选择谁来担任"御者"和"车右"这桩事上是相当慎重的。《左传》将他们的姓名记录得这么清楚，既是对他们在战争中功绩的肯定，也是忠实于历史的一种表现。

车轼的一次临时性功能

下视其辙，登轼而望之。

——《左传·曹刿论战》

中语教材：《曹刿论战》

文史知识：车轼和“式敬”之礼

公元前684年（春秋时鲁庄公十年），齐鲁两国在长勺打了一仗。论实力，鲁国比不上齐国，处于防御的地位，但鲁庄公听从了曹刿的正确意见，待到“彼竭我盈”的有利时机才发起攻击，使齐军受到重创，开始溃退。庄公打算发令，迅即追逐齐师，可曹刿制止他，认为大国难以捉摸，恐其暗设埋伏，佯装失败，诱己方入陷阱，所以要观察一下，核实是真败还是假败，方可作出追逐与否的决定。足见这观察核实工作有多重要。且看接下来《左传》是怎样记载其观察的：“下视其辙，登轼而望之。”别看只有简短的几个字，但要彻底弄明白它的意思就大有说头。“下视其辙”，是从战车上往下看，还是下车来进行观察？“登轼而望之”，已经站在兵车上可以进行瞭望，为什么还要登上车厢前面用作扶手的横木（轼）去望呢？那块小小的横木承受得起一个人的体重吗？是车子停下来了还是在行进中观察？观察者站在独木桥似的车轼上远望，怎样保持住身体的平衡而不致摔下来呢？不弄清这一连串的问题，就难以将这两句话解读清楚。

一直以来，人们对这两句话就存在着不同的理解。这从当代一些《左传》注解本对这两句话所作的标点、解释就可以看得出来。由于古人的文章往往不加句读（不是没有句读，而是没有把句读符号标在书面上），因此，现代的初读者不得不借助专家学者为古籍标点了的版本来学习。标点是注解者按自己对某句话的理解而作出的，标点不同，对某句话的理解也就不同。据我所知，当代一些《左传》注解本对这两句话至少有三种不同的标点法，兹引述如下：

一见上海人民出版社 1977 年第一版的《春秋左传集解》本，它是这样标点的："下视其辙，登轼而望之。"历年的中学语文教材也采用这一标点法。

另见岳麓书社出版的古典文学普及文库《左传》本，标点者蒋骥聘先生，1988 年 12 月第一版的标点是："下，视其辙；登，轼而望之。"

还有杨伯峻先生编著、中华书局出版的《春秋左传注》本，1981 年 3 月第一版，其标点又与前两种不同，标为："下，视其辙，登轼而望之。"

从字面上看，三种标法只有小小的不同，但实际意义却相距很远。让我们仔细分析一下，到底哪一种标点与解释最符合原作的意思吧！

《曹刿论战》写的是春秋时的战争。如果对当时的战争怎么个打法有一个比较清楚的了解，那就不难解读这两句话了。历史告诉我们，春秋时的战争是车战，《曹刿论战》就是讲曹刿跟随鲁庄公坐上戎车（帅车）协助庄公指挥作战的事。文中提到了车轼在这场战争中派上的用处。因此，我们有必要知道当时车战的大概情况，以及兵车（它是春秋时军事技术装备的集中代表）构造的特点。

先说兵车。古代的车子一般分为两大类。一类是“乘车”，即供人们出行使用的交通工具，相当于今天的客运车，如《战国策·齐策四》写齐宣王要求颜斶归附于己，只要颜斶答应与自己交往，就会“食必大牢，出必乘车，妻子衣服丽都”。我们可看出，并非所有的人外出都有车子可乘，坐车出行乃是显示身价的一种标志。另一类是“兵车”，是用于作战的车。《左传·隐公元年》：“命子封帅车二百乘以伐京。”这里所说的车就是“兵车”。

“乘车”与“兵车”的构造大体相同，一般人都比较了解，或从古文物展览中见过实物。这里着重讲《曹刿论战》中提到车上的一个构件——车轼。车上的每个构件都有它的作用。作为交通工具的“乘车”，可以立乘，也可以坐乘，而作为战争工具的“兵车”就只好立乘了，因为与敌人作战怎么能悠闲地坐着呢？那样不但不利于对敌人的攻击作出迅速的反击，更谈不上保持警惕，随时对敌发起猛攻。再者，古时车子行驶的驰道工程质量不会很高，战场多半在旷野之地，更没有平坦的道路可行。可以想见，“乘车”“兵车”在那样的道路上行驶，一定颠簸得厉害，所以需要有所扶持，于是，造车的工匠便在车厢的前面和左右两旁都安上了扶手。车厢前面的扶手叫“轼”，左右两旁的扶手叫“较”。古人把较也叫做轼，不过横在车前的叫“前轼”，曲在两旁的轼叫“旁轼”，轼和较都可以叫“式”。据《考工记·舆人》载，前轼的位置在离车厢前栏三分之一、后栏三分之二处。轼的高度为三尺三寸，较的高度为五尺五寸。周制一尺合今20—21 厘米，那么轼高 66 厘米左右，较高 110 厘米左右。按照这轼和较的位置和高低，前轼就横在乘坐者的胸前，把手放下去，恰好合适，立乘的人往左或右一靠，就靠上了旁轼，所以说“轼为坐乘着扶之，较为立乘者扶之”。人在车内，双手扶轼，车子在行进中，眼睛自然而然地瞻望着前方。宋代著名文学家苏轼，字子瞻。古人的字与名有一定的联系，显然，苏轼子瞻的名字是根据乘车时伏轼瞻望而命名的。车轼的另一个作用是在乘车时遇见尊长者凭轼行致敬礼。古人讲究礼节，会见客人时要拱手行礼，如果乘车途中遇见尊长者，就要用伏轼俯首的姿势向对方表示敬意，叫做伏轼。这样的事例很多，如《吕氏春秋·期贤》载，“魏文侯过段干木之闾而轼之”。段干木是位贤士，魏文侯很想拜会他，但段总是回避。文侯并不因此责怪他，依旧对他保持尊敬的态度，车子经段干木所住的里门，人立车中，俯凭车前的轼向段表示敬意。又《礼记·檀弓》：“孔子过泰山侧，有妇人哭于墓者而哀。夫子式而听之，使子贡问之，曰：‘子之哭也，壹似重有忧者。’而曰：‘然。’昔者吾舅死于虎，吾夫又死焉，今吾子又死焉……”这个妇人的三代亲人为虎所噬啮，哭得非常伤心。孔子伏轼而听，彬彬有礼。但《礼记·曲礼》明确指出，“兵车不式”，这并不是说兵车上不设扶手，而是说在兵车上的将帅士卒一律不行伏轼之礼，目的是保持战斗者勇武的形象。据此，遇到古籍中写到兵车上的将帅士卒凭靠车轼，不能看作他们是在行伏轼之礼，如《左传·僖公二十八年》写晋楚城濮之战，楚军统帅子玉（成得臣，字子玉）派部属给晋文公送去挑战书，书云："请与君之士戏，君凭轼而观之，得臣与寓目焉。"译成现代汉语大意是，请和君王您的战士们作一次角斗游戏，您就靠在车前的横木上舒舒服服地观赏，得臣我也可以陪奉着您一块儿观赏。前已提到，乘兵车都是站立，站着乘车并不好受，凭轼则比较舒适而能持久，显然，此处的凭轼不是要求对方表敬，倒是带有调侃的味道，等于说，我要向你开战了，到时候你就安闲地靠在车轼上，看着我怎样收拾你吧。

现在再说车战。春秋早期，一辆兵车由两匹马或四匹马驾驶。车上载有甲士 3 名，还隶属有固定数目的徒兵（步卒）10 人（到战国时才发展到 72 人）。这些徒兵和战车，再加上相应的后勤车辆和徒役，便构成了当时军队的基本编制单位，叫做"乘"。战车上的 3 名甲士，按左中右排列。开战时，甲士在车上，徒兵跟在车下，很有点像现代的步兵以坦克为掩护向前冲锋，不过古老的兵车没有坦克所拥有的厚实的外壳保护自身，仗一打响，就靠车上、车下所有的士卒奋力拼杀，当一方的车阵被对方击溃时，胜负就分晓了。

长勺之战规模有多大，文中没有记载，但我们据《左传》写的一些战例，可以估测出齐鲁两国出动军力的一个大概。鲁国能出多少辆兵车？以郑国作比，鲁隐公元年（前 722），郑庄公"命子封帅车二百乘以伐京"，郑庄公讨伐反叛的弟弟京城大叔共叔段，一次就出动了两百乘兵车。郑是个小国，打的是内战，可能还不至于使出全部力量，但就出动了这么多的兵车。长勺之战发生在前 684 年，比郑庄公讨伐共叔段晚 38 年，基本上是同一个时期。鲁国虽然比齐国弱，但是比郑国还是要强大些，能够出动的兵车决不会少于郑国，何况长勺之战，对手是强大的齐国，一定会竭尽全力来应对，所以至少也不会少于二百乘兵车吧。至于齐国，齐桓公乃春秋五霸之一，也有一个例子说明它的军事实力。事情发生在长勺之战22年后的鲁闵公二年，即公元前660年，卫国被狄人破灭，由于宋国的帮助，遗民在曹邑安顿了下来，而且立了卫戴公为新君。卫戴公之母宣姜是齐僖公之女，因为有了这层关系，所以齐国“使公子无亏帅车三百乘、甲士三千人以戍曹”。临时给卫国帮个忙，一次就出动三百辆兵车、三千名甲士，实力是雄厚的。长勺之战，齐国出个三百多乘兵车，当然更不成问题。这样算起来，两国总共出动的兵车至少会有五百多辆，士卒五千余人，规模不能算小。双方开战不久，鲁国发现齐师溃败的迹象。人马这么多，一时还难以断定是真败假败，所以曹刿建议庄公观察一下，再决定是否追逐。

怎样观察呢？当时没有现代望远镜之类的观察仪器，更没有科学的通信联络设备，就只能依靠肉眼“下视其辙，登轼而望之”了。可是，正如本文开头所指出的，人们对这两句话的理解，明显地存在着分歧，这里再举湖南教育出版社曹日升先生等编著的《初中文言文详解》为例，它给“下视其辙”注解说：“下：方位名词作状语，向下。”全句译为：“（曹刿）向下察看齐军车轮留下的痕迹。”我们用前面介绍车战的概况、兵车构造的知识来印证，就会发现曹日升等人的解释，在事理上不符合实际。如果曹刿只把眼睛向下一望，就在人喊马嘶的战乱中看清了齐军的车迹确是无规则的混乱，是在逃跑，那这眼睛向下望，只是一眨眼之劳，曹刿原本就在车上，不早已看清楚了吗？为何还

要阻止庄公立即追逐齐师而再“下视”一番呢？岂非多此一举！显然，这个“下视”是下车仔细观察的意思。因为兵车在行进中，从车上向下看，所见的范围有限，看得也不太清楚。双方一打起来，难免各有少数车迹交错和重叠的现象，不能说这就是敌人在逃跑、兵车混乱的表现。只有大部分车迹乱了，才是整个军队的阵脚乱了，是在往回跑，而这必须下车来仔细观察才能确认，更何况曹刿做事精明细致，下车观察才符合他行事的风格。再从这个句子的结构来看，古代汉语特别精练，经常省去重复的成分。这句话的开头就省略了主语“曹刿”（承前省），第一个动词谓语“下”后面省去了宾语“车”（承前“公与之乘”省），第二个动词谓语“视”与“其辙”构成动宾结构。全句复原应为：“（曹刿）下（车）视其辙。”句中的两个动词谓语“下”与“视”表达同一主语“曹刿”的连续行动，不可颠倒次序，这叫动词连用句或连动式，译为“曹刿下车细看齐军的车迹”，因此，没有必要在第一个动宾结构后用逗号断句。《岳麓书社》古典文学普及文库《左传》标点本，著名学者杨伯峻《春秋左传注》本在动词谓语“下”后面加的那个逗号也是不必要的，破坏了这个句式的连动性。

曹刿观察的另一个动作是“登轼而望之”。已在兵车上可以看得见，为何还要登上车轼去瞭望呢？这个问题倒容易理解，因为是车战，双方都在兵车上，观察点的高度与对方是相等的，平视过去，视线受到一定的限制。俗话说，站得高，看得远。已知“轼”高三尺三，“较”高五尺五，登上去就将观察点提高了几尺，那就会看得清齐军远处的状况了。至于车轼能否受得起一个人的体重，《周礼疑义举要》早就对此作了解答，说：“军中望远，亦可一足履旁式，《左传》长勺之战，登轼而望是也。”已知车轼包括前“轼”和“较”，这就是说，曹刿登上去，两足分别踩在车前的低“轼”和车旁稍高的“较”上，把自己的体重分散在两个受力点上，既让车轼受得住体重的压力，又保持了身体的平衡，可以很好地瞭望。《岳麓书社》古典文学普及文库将这句话标点为：“登，轼而望之。”那就只能解释为“登上车子，凭靠着车轼瞭望”了。但如果从观察齐国在撤退时队伍是否混乱、旌旗是否倒地的目的来看，凭扶车轼瞭望怎么比得上登轼看得更清楚呢？如果解作行伏轼之礼的话，那又与“兵车不式”的规矩不符。即使没有这一规矩，怎么说也不存在鲁国向敌手齐国致敬的道理。按上分析，这两句话的正确标点应该是：“下视其辙，登轼而望之。”正确的理解应该是，（曹刿）下车，仔细观察齐军的车辙，然后登上车轼远望齐军的状况，（看到齐军的车辙已经混乱，他们的旌旗纷纷倒下，断定是真正的逃跑，所以立即追逐，取得了这场战争的胜利）。车轼原本是供人凭扶和乘车人表敬之礼时用的，但却被曹刿临时用作登高瞭望的垫足板，帮助他看清了敌方溃败的实况，可见曹刿这人处事认真细致而又随机应变。他能帮助鲁庄公打赢长勺之战，绝非偶然。

文嬴为何请求释放被俘的秦囚

文嬴请三帅，曰："彼实构吾二君，寡君若得而食之，不厌，君何辱讨焉？使归就戮于秦，以逞寡君之志，若何？"公许之。

——《左传·殽之战》

中语教材：《殽之战》

文史知识：秦晋联姻的一段史实

殽之战，晋国大获全胜，将秦国的三个统帅百里孟明视、西乞术、白乙丙俘虏而归。晋文公的夫人文嬴请求晋襄公（晋文公之子，文公第三妻偪姞所生）把他们放回秦国去。晋襄公虽不是文嬴所生，但文嬴毕竟是他法理上的母亲。刚刚即位，缺乏政治斗争经验的晋襄公碍于情面便同意了。晋国重臣先轸入朝，问起秦国的俘虏，襄公告诉他，应文嬴的请求，已经放走了。先轸大怒，说："武夫力而拘诸原，妇人暂而免诸国，堕军实而长寇仇，亡无日矣！"不顾君臣礼节，对着襄公就啐了一口唾沫。

先轸反对释放秦囚确有道理，令人不解的是，文嬴作为晋国已去世的国君晋文公的夫人，为何要把将士们在战场上拼着性命抓到手的敌人放走呢？这就需要追述秦晋联姻以及文嬴个人的身世和经历。

春秋后期，强国争当霸主。秦、晋是相邻的两个诸侯大国，都把对方看作争霸的对手。晋国若想称霸中原，就得营造一个安定的后方，才可全力以赴地去出击中原，所以对秦国暂时采取了和好的政策，并通过联姻来巩固关系。正如后来的《吕相绝秦书》所说的，当时两国之间的关系是“申之以盟誓，重之以婚姻”。（《左传·鲁成公十三年》）秦晋间的第一次联姻是晋献公将女儿伯姬嫁给秦穆公为妻。但是，两国虽然联姻了，但各自国家的利益不同，决定了他们不可能真心诚意地和睦相处。只要有机会，便会想方设法削弱对方的力量，提高自己的地位。公元前656年（鲁僖公四年），晋国因为君位的继承问题，发生内讧。从《左传》庄公二十八年的记载，可知晋献公至少有五个儿子。献公“烝于齐姜，生秦穆夫人及太子申生。又娶二女于戎，大戎狐姬生重耳，小戎子生夷吾。晋伐骊戎，骊戎男女以骊姬，归，生奚齐，其娣生卓子。”后来骊姬得宠，想要立自己的儿子为太子。她制造事端，陷害申生，太子申生自缢而死，群公子纷纷外逃。公元前651年，晋献公去世，先后继位的奚齐、卓子都被里克杀死，流亡在梁的公子夷吾趁机厚赂秦国，在秦国利刃的护卫下返回晋国登上君位，是为惠公。

秦国积极插手晋国事务，帮助晋国安定政局，主要还是为了霸主那个位置。试想，替晋国平定了内乱，在诸侯中树立了威望，又扶立惠公，控制了晋国，岂不是为争霸事业奠定了基础！可惜事与愿违，晋惠公不愿接受秦国的控制，登上君位后，旋即撕毁了双方的协议，既不割让先前答应给秦的五个城市，又拒不粜粮，帮助遭受饥荒的秦国。被激怒了的秦穆公终于在公元前645年（鲁僖公十五年）举兵伐晋，战于韩原，结果晋军大败，连晋惠公本人也当了俘虏。按秦晋联姻的亲属关系来说，这是姐夫与内弟之间的一场战争，两人都恨不得一下子消灭对手，倒是秦穆公的夫人伯姬不忘娘家。她在得知惠公被俘行将押解到秦国的消息后，就领着太子罃（yīng）、儿子弘和女儿简璧，登登踩在积薪上，命令人们穿着丧服去迎接从前线回来的穆公，并转告他，如果晋惠公被押到秦国，她就和儿女们一块儿自焚。秦穆公考虑，俘虏了晋君，原本是件光彩的事，现在反倒可能闹出丧事来，那又有什么意思呢？于是同意了晋国求和的要求。

应该说，这次秦晋媾和，秦穆公夫人伯姬的干预起了一定的作用。于是秦穆公释放晋惠公回国，条件是让晋太子子圉（yǔ）到秦国为质（鲁僖公十七年、公元前643年），秦穆公又将女儿辰嬴嫁给子圉为妻。这是秦晋第二次联姻，是秦女嫁晋。看得出来，这样的处理仍旧隐含着秦穆公企图控制晋国的意图。但这次婚姻只维持了五年左右，公元前638年（鲁僖公二十二年），太子子圉不辞而别，逃回晋国，临走时，他对妻子怀嬴（子圉回晋后当了国君，是为怀公，故称辰嬴为怀嬴）说："与子归乎？"怀嬴回答道："子，晋太子，而辱于秦。子之欲归，不亦宜乎？寡君之使婢子侍执巾栉，以固子也。从子而归，弃君命也。不敢从，亦不敢言。"这话说得非常清楚，嬴氏嫁给子圉为妻，是为了让子圉安心在秦当质子。就是她父亲秦穆公交给她的任务。这样的婚姻是由政治需要来决定的。

由于晋怀公和他的父亲晋惠公一样，竭力抗拒秦国的控制，更不感激秦国的帮助，又私自逃回晋国，秦穆公便决心与晋怀公子圉决绝。当时，恰好晋公子重耳流亡到了秦国。对秦穆公来说，重耳真是奇货可居，立即给予热情款待，并将宗族五个女子包括怀嬴在内嫁给重耳，这就是秦晋的第三次联姻。怀嬴曾经是重耳嫡亲侄子子圉的妻子，以叔伯身份娶侄媳为妻，实在有碍人伦，但为了求得秦穆公帮助自己返回晋国夺取君位，重耳只得委屈从命。有一次，怀嬴捧着盛水的匜（yí，形成像瓢）给重耳浇水洗手，重耳洗完了手很不客气地挥手让她走开，怀嬴非常生气地说："秦晋匹也，何以卑我？"吓得重耳脱去衣冠，自囚请罪。一场风波，才算平息。前636年（鲁僖公二十四年）春，趁着晋惠公去世，怀公子圉新立政权尚未巩固的时刻，秦穆公勾结晋国内部亲重耳的势力，把怀公赶下了台。重耳派人将逃亡到高梁的怀公刺死，在秦穆公的亲自督师护送下回到晋国，登上君位，是为文公。重耳随即将夫人辰嬴迎回晋国，立为正夫人。重耳为晋文公，因此辰嬴改称文嬴。这第三次联姻，混合着乱伦、夺位、暗杀、战争等一系列不光彩的事件。

按说，这时的秦穆公与晋文公有岳丈女婿之谊，又加扶立之恩，秦晋关系应该进入友好的高峰吧。事实不然。为了霸业，双方的明争暗斗仍然继续着。公元前630年（鲁僖公三十年），晋国纠合秦国攻打郑国，在围城的紧要关头，秦穆公突然抛下晋国将秦军撤走，还派了杞子、逢孙、杨孙三名将领协助郑国戍卫都城，公开拆盟友晋国的台。公元前627年（鲁僖公三十三年），秦国又趁晋文公去世，晋国忙于治丧，派兵越过晋国的国境去攻打晋国的同姓国郑国，结果在殽这个地方中了晋国的埋伏，全军覆没，秦国的三个统帅都当了俘虏。文嬴就是在这种情况下向晋襄公请求释放三帅的。

通过这段历史回顾，归纳起来，文嬴是秦穆公的女儿（古代君王可以娶多个妻子，她不是晋伯姬所生），秦国嬴姓，所以称嬴氏。在妇女毫无地位的当时，她被她父亲当作外交政策的工具，先后被打发做了晋怀公子圉及晋文公重耳的妻子。应该说，文嬴的命运是令人同情的。在男女感情方面，她连普通人那种权利都没有享受到。不过，从文嬴回答怀公子圉邀她逃回晋国的那番话，以及她与晋文公重耳因为一件小事发生争吵的语言中，我们可知她的秦国情愫是相当深的。她脑子里时刻牢记着君父之命，尽管早已做了晋国的媳妇，贵为晋国国君夫人，但当秦国的利益受到损害时，她会毫不犹豫地站出来加以捍卫。为了解救秦国三帅，她对晋襄公说："彼实构吾二君，寡君欲得而食之，不厌，君何辱讨焉？使归就戮于秦，以逞寡君之志，若何？"这是修饰得非常漂亮的外交辞令，是站在秦国一边说话。一言以蔽之，晋国国君的夫人文嬴之所以请求释放被俘的秦国俘虏，完全是执行秦穆公交给她的政治婚姻的使命。这里无须对文嬴的行为作出"对"或是"错"的判断，站在秦晋不同的立场必然会有不同的结论。

顺带说一点，由于秦晋的几次联姻，后世的人就将两姓联姻称为"秦晋之好"，表示喜庆。具有讽刺意味的是，从上述秦晋的三次联姻，不难发现，秦晋联姻不但没有多少喜庆，而且双方兵戎相见，攻伐频繁，殽之战后继续如此。据《左传》的记载，有：

公元前625年（鲁文公二年）春，秦攻晋，战于彭衙，报殽战之仇，结果反被晋国打败。同年冬，晋国纠合宋、郑、陈等国伐秦。

公元前624年（鲁文公三年），秦伯伐晋，占领王官等地，大败晋国，终于报了殽战之仇。公元前623年（鲁文公四年），晋侯伐秦，报王官之仇。公元前621年（鲁文公六年），晋襄公、秦穆公相继逝世。晋献公的外孙、秦穆公夫人穆姬所生的儿子罃继承君位，是为秦康公。晋国方面，因为太子夷皋年纪太小，群臣议立长君，有人提出襄公的庶弟公子乐为候选人。辅政的上卿赵盾坚决反对，理由之一是其母文嬴的地位卑贱，在文公的妻子中位次第九，而且侍奉过晋国的两位君王，是淫荡的表现，认为这种女人生的儿子没有什么威望，所以不立。最后还是立了年幼的太子夷皋为君，即灵公。文嬴做了一辈子牺牲品，负面影响还波及了他的儿子。

与秦晋联姻有直接血缘关系的最后一位国君是秦穆公及伯姬之子秦康公。他在位八年，这中间秦晋又发生了五次战争：公元前620年（鲁文公七年），晋人败秦师于令狐；公元前619年（鲁文公八年），"秦人伐晋，取武城，以报令狐之役"；公元前617年（鲁文公十年）春，"晋人伐秦，取少梁"；公元前617年（鲁文公十年）夏，"秦伯伐晋，取北徵"；公元前615年（鲁文公十二年），"晋人、秦人战于河曲"。秦康公以后，秦晋间发生的战争已与上面三次联姻相关的人物没有关系了，这里就不予记载。

从晋献公将女儿伯姬嫁给秦穆公为妻，秦穆公将辰嬴嫁给晋怀公子圉为妻，又转而改嫁给晋文公重耳为妻，到具有晋国血缘的秦康公逝世，前后约四五十年间，《左传》记载两国交战的事达十四次以上。这就说明，结成婚姻只能暂时缓和一下两国间的矛盾，不可能从根本上解决存在的问题。至于后世将秦晋联姻当作喜事看待，如果从他们两国连续不断的战争等事来评判，那就要大打疑问号了。

迎败归将士，穆公何以称“孤”而不道“寡”

秦伯素服郊次，乡师而哭曰：“孤违蹇叔以辱二三子，孤之罪也。不替孟明，孤之过也，大夫何罪？且吾不以一眚掩大德。”

——《左传·殽之战》

中语教材：《殽之战》

文史知识：古代帝王诸侯的称谓

公元前630年，秦穆公决定远袭郑国，老臣蹇叔曾坚决反对。他详细分析了秦师的不利条件，并预测晋国将在半路上伏兵拦击秦师，可是穆公一意孤行，坚持出兵，果然在殽地中了晋国的埋伏，导致全军覆没，三帅被俘。但穆公毕竟是位有作为的政治家，面对惨败，并不逃避责任。当三帅被释遣返回秦时，穆公亲自到郊外迎接，他身着白色丧服，哭着对将士们说：“孤违蹇叔以辱二三子，孤之罪也。不替孟明，孤之过也，大夫何罪？且吾不以一眚掩大德。”致辞中，他宣布对三帅免除处分，连说

"孤违蹇叔""孤之罪也""孤之过也"，自责的态度非常明朗，让人一听就懂。但他在称呼自己时，却不像往常那样称为"寡人"，而是以"孤"来代替。"孤"与"寡人"有无区别呢？

我国古代帝王的称谓都是特定的称呼（包括自称）。远古时候的三皇五帝属于传说，从夏朝起才有统一的君主，但君主的称号也不完全相同。在夏初叫做"后"，如古本《竹书纪年》说："启登后九年，舞九韶。"商初也是如此称呼，如《书》曰："徯我后，后来其苏。"另一个叫法称"王"，如《尚书·汤誓》："夏王率遏众力，率割夏邑。"到了商周两代一般都叫"王"。"王"字的甲骨文写作"[illegible]""[illegible]"，从字形的构造来看，完全是一副君临天下、举世无双的独裁者的写照。后来又叫做"天子"，因为古人认为君权是神授的。皇帝的玉玺上就刻着"受天明命，惟德允昌"等字样。《洪范》注解说："天者君之父，地者君之哥。"既然君主的父母是天地，那君主自然是天之子了。《礼记·曲礼下》："君天下，曰天子。"天子自称"余一人"。《书·汤诰》："嗟！尔万方有众，明听余一人诰。"这么自称，活画出商王目空一切、唯我独尊的专制者的形象。后来，诸侯也有称自己为"余一人"的。《左传·哀公十六年》记载孔子过世，鲁哀公致悼词说："旻天不吊，不慭（yìn，暂且）遗一老。俾屏余一人以在位，茕茕余在疚。"不过他这样自称，当时子贡就批评他僭越了名分，因为鲁哀公只是鲁国的国君，而非天下的共主。

以上讲的是统一的君主的称谓。从周朝开始，我国进入封建制度时期，天子把爵位、土地赐给自己的子弟、亲戚、功臣或圣贤的后裔，在封定的区域内建立邦国，这些邦国国君统称为诸侯。诸侯分为公、侯、伯、子、男五个等级，一般就按他们受封的爵位来称呼。如《春秋·僖公二十一年》：“秋，宋公、楚子、陈侯、蔡侯、郑伯、许男、曹伯会于盂。”便是按这些诸侯的爵位来称呼他们的典型例子。诸侯一般自称为寡人、孤、不谷。寡人是寡德之人，孤是孤独无助之人，不谷犹言不善之人。《老子》第四十二章说：“人之所恶，惟孤、寡、不谷，而王公以为称。”《战国策·齐策四》记颜斶言：“夫孤寡者，人之困贱下位也。而侯王以自谓。”既然是“人之所恶”，这些统治者又为何用来自称呢？原来古人包括天子、诸侯自称时都使用谦词，寡人、孤、不谷便是诸侯国君自称的谦词。但“孤”与“寡人”又有细微的差别，《礼记·曲礼下》说：“庶方小侯……自称曰‘孤’……其（诸侯）与民言，自称曰‘寡人’，其在凶服（丧服）曰‘適（嫡）子孤’。”照这个说法，“孤”本是偏远小国或附庸国国君的自称，但诸侯在丧服期间或者国家遭到危难之时也自称为“孤”，是一种自我贬损的称呼。

诸侯自称为寡人，我们在古文献中早已习见，这里着重介绍几个自称为“孤”的实例。一、《左传·桓公十三年》，楚国派屈瑕领兵攻打罗国。屈瑕骄傲轻敌，结果大败，自杀于荒郊，其他将领都自囚听候处罚，楚王认为自己战前告诫得不够，说，“孤之罪也”，全部赦免了他们。二、《左传·僖公十五年》，秦晋战于韩原，晋国战败，晋惠公被俘，他派代表回国向群臣宣布，“孤虽归，辱社稷矣，其卜贰圉也”。惠公深知自己给国家带来了耻辱，所以要群臣辅佐太子子圉即位。三、《左传·宣公十二年》，楚国围郑，攻入郑国。郑襄公袒着肩、牵着羊去迎接楚庄王，说：“孤不天，不能事君，使君怀怒以及敝邑，孤之罪也。”这三个例子都是在国家遭遇不幸的情况下国君自我贬损谦称为“孤”的实例。

秦穆公在自称时，对“寡人”与“孤”两个谦称是否有意识地区别使用呢？回答是肯定的。如《左传·僖公十五年》记载，秦晋对垒于韩原，晋惠公派使者向秦师挑战，秦穆公使公孙枝回话说：“君之未入，寡人惧之，入而未定列，犹吾忧也；苟列定矣，敢不承命。”这一仗晋国失败，晋惠公被秦军俘虏，晋国的大夫们尾随在秦军的后面，惶惶然不知如何是好。秦穆公派人代表自己劝慰他们说：“二三子何其戚也？寡人之从晋君而西也，亦晋之妖梦是践，岂敢以至？”那个时候，胜利者秦穆公在谈到自己时，都是以“寡人”自称的，但秦、晋殽战失败后，秦穆公在迎接失败归来的将士时接连三次自称为“孤”，表达了自贬的意思，体现了他自责的诚意。这种诚意对舒缓民怨、安定朝野，为再次争霸中原做准备是有重要作用的。同时，可以看出秦穆公性格的丰富性和复杂性，他既有拒绝蹇叔的劝谏，顽固坚持己见的一面；也有勇于认错，知过即改的一面。

最后要指出的是，称谓也是有时代性的。诸侯用“寡人”“孤”来表示自谦也只是春秋战国时期的事。到了秦汉，称谓上孤寡的词义逐渐发生了变化，已不再包含贬义。君王纷纷南面称孤道寡，如曹操在一份自我辩解的文中说：“使天下无孤，不知几人称帝，几人称王？”孙权即帝位后，除诏命称“朕”外，对臣下说话还是称“孤”，但这时所称的“孤”已成为一种美称，与前面所讲的自我贬损的“孤”完全是两码事了。

商人弦高为何如此爱国

及滑，郑商人弦高将市于周，遇之。以乘韦先，牛十二犒师，曰："寡君闻吾子将步师出于敝邑，敢犒从者。不腆敝邑，为从者之淹，居则具一日之积，行则备一夕之卫。"且使遽告于郑。

——《左传·殽之战》

中语教材：《殽之战》

文史知识：春秋时，郑国商品经济繁荣的情况

在一般人心目中，商人都是些唯利是图的家伙，其实，这种看法比较片面，中国古代就颇有几位著名的商人，在处理自身利益与国家和公众的关系方面，把后者的利益看得远远高于前者，并慷慨作出贡献。且不谈弃商从政，最后做了齐国国相的管仲；也不谈帮助勾践灭吴后，变名换姓，经营商业，十九年中三致千金，又全部散发周济穷人，被后世奉为商人始祖的范蠡，这里只讲讲智退秦军使郑国免除了一次浩劫的商人弦高。

公元前 628 年，秦国决定派兵攻打郑国。三年前，晋国曾联合秦国围攻郑国，当时秦国半途撤军，并以协助郑国防务为名，派杞子等人领军驻扎在郑，伏下力量作为日后侵郑的准备。秦国是西边的一个强国，郑国是中原地区的一个小国。郑的北面是晋国，南面是楚国，与秦国则东西对峙，相距千里以上，中间还隔着晋国部分土地。秦国野心勃勃，想要称霸中原，如果能够占据郑国，无疑是在繁华的中原地区嵌进一个楔子，为称霸诸侯打下扎实的基础。但要远征郑国却非易事，恰在这时，杞子派人密告秦穆公曰："郑人使我掌其北门之管，若潜师以来，国可得也。"建议秦穆公采用偷袭的方法攻郑，他们在内接应，一定会获得成功。杞子的主意与秦穆公不谋而合，于是秦国便派出了一支以孟明为统帅的军队去偷袭郑国。可是，远征的秦军在滑地被将要到周都城做生意的郑国商人弦高碰上了。

得知秦军的意图，弦高乃矫称自己为郑国的使者，特来进行慰问，当即送去十二头牛做慰问品，并致辞说："寡君闻吾子将步师出于敝邑，敢犒从者。不腆敝邑，为从者之淹，居则具一日之积，行则备一夕之卫。"弦高一边应付秦军，一边派人飞驰回郑报信。郑穆公接到情报，派人去探看杞子等人所住的馆舍，发现所言不假，立即驱逐了杞子。我们知道，偷袭的最大特点就是在敌手毫无准备的情况下来个突然进攻，打它个措手不及，无法组织起有效的抵抗。现在既然走漏了消息，孟明考虑，郑国必有准备，欲借偷袭取胜的机会已经不复存在，所以决定率领军队打道回国。这样，凭着弦高的爱国行动、奉献精神，郑国免除了一次特大的劫难。

千百年来，人们读到这段历史，无不对弦高赞扬备至。一个生意人怎么会有这样高尚的爱国情操呢？这是郑国社会商业经济

特别发达，而郑国当局又推行重商政策的积极成果。

商业在郑国的发展是有一个过程的。奴隶制社会时期，生产力比原始社会大有提高，开始有了私有财产，产品的交换已成为必要，所以《周易》有“日中为市，致天下之民，聚天下之货，交易而退，各得其所”的记载。最初大概只是个人生活的需要，进行一些产品的交换。随着生产力水平的不断提高，商品经济逐渐发达，特别是用上了海贝做货币，交换更为方便，于是有人专门从事买卖，从中渔利。这种专做买卖的人，最早大约出现在进入奴隶制社会的夏朝，继夏而后的商朝奴隶制经济有很高的发展，买卖人在社会生活中发挥着更大的作用，积累了相当丰富的做生意的经验。奴隶制社会延续了千年以上，周武王伐纣，推翻了殷商，建立了周王朝，但殷人的内心并未完全臣服，实力也并没有完全被摧毁。周武王死，成王年幼，周公辅政，商纣的儿子武庚追随周贵族管、蔡二叔发动叛乱，周公东征平乱后，把殷商的移民迁到洛阳。周人称这些人为顽民，经常召集起来进行训导，不许乱说乱动。殷遗民既已成为周民的一部分，理应与周民一视同仁，现在却过着次等公民的生活，被剥夺了政治权利，又失去了土地，怎样维持生活呢？他们只好发挥自己的特长，到处钻营，以买卖为生。这一行业，执政的周贵族不屑去做，而商品经济的发展又不能缺少交换，于是做买卖便成了殷商遗民的“专利”。日长月久，人们便把殷商遗民与买卖人等同起来，故有学者认为，做买卖的人之所以被叫做“商人”就是这样来的。随着社会的发展，从事这一职业的人越来越多，尽管这些人当中有许多并非殷商遗民，但是人们还是称他们为商人，这个称呼一直沿用至今。

周人对待那些内心没有臣服的殷商遗民除了严加管教外，还采用了分散瓦解的办法来制服，不让他们聚居在一起，将他们赏赐给一些诸侯国，由所在诸侯国去管理。郑国的始封之君郑桓公就是在周宣王二十二年（前806）带着这样一批殷商遗民来到封邑的。郑国的殷商遗民为郑国的建立、巩固、发展作出了重要的贡献。郑国的疆土原在西周京畿（今陕西华县境）之内，其后犬戎杀周幽王，郑桓公死于王事，他的儿子郑武公与晋国协助周平王定都洛邑（今河南洛阳市），郑国也迁居于东周京畿之内。这里的地理位置非常适中，处于济、洛、河、颍四水之间。首邑在今河南新郑，为南北交通要冲，有利于商品的运输。它的邻居晋、楚乃至远在西边的秦等大国，都想占而有之，时常进攻郑国，但又互相牵制，谁也别想独占该国。郑国的统治者又善于运用灵活的外交政策，终于在这样的夹缝中生存了下来。尽管战争频仍，但晋、楚、周、齐等各国的商品仍源源不断地路经郑国运到或南或北的目的地，当时的郑国就像今天的国际商品集散地，郑国商人在其中起着十分重要的作用。

有资料证明，春秋时郑国已成为一个商业非常发达的国家。以弦高的商业活动为例，就可以从一个侧面得到证明。弦高贩卖耕牛。牛在古代社会生活中占据着一席重要的位置。它是奴隶主国王和贵族们祭祀神灵与祖先的祭品，又是拉车的牵引力，还是田地里耕作的劳动力，直接为农业生产服务。可以想见，弦高贩卖耕牛对农业生产的发展有着多么重要的作用。弦高有多少资本呢?《左传》没有直接记载，但这次途中遇见秦师，送礼一送就是十二头活牛，出手之大方令人赞叹。在当时的条件下，赶着牛群从郑国经滑到远处东周的京城雒邑（今洛阳）去出售，要克服许多困难。弦高本人，加上照料这些牛群的帮工，可能还有兽医，估计是一支不小的贩牛商队，因此，弦高确是一位有相当经济实力的商人（当然，这是就当时的经济发展水平而言的）。

考郑国商业发展的原因，一则得益于天时、地利。社会发展到春秋时期，生产力水平的提高，商品经济有了很大发展，需要进行交换。郑国地处中原中心，客观环境选择了它作为商品集散的转运站，然而更主要的是郑国的当权者具有一定的政治远见和经济头脑，对商人实行保护政策。最初，郑国的贵族像所有的统治阶级一样，随意剥削商人。后来，郑桓公与商人订立盟约，保证不侵犯他们的利益，不干涉他们的商务。到郑简公时，子产执政，他把刑法铸在金属鼎上来公布，让百姓知道国家法令的内容和要求，有所遵循。贵族们也不能为所欲为。有个生动的事例，鲁昭公十六年（前 526），有一对名贵的玉环，其中一只珍藏在晋国执政者韩宣子韩起处，另一只落在郑国商人手中，韩宣子代表晋国到郑国聘问（诸侯间一种通问、修好的外交活动），想借此机会请郑伯帮忙弄到它。可是郑国的执政者子产却不同意，他托辞说："（玉环）非官府之守器也，寡君不知。"郑国的几位大夫劝子产犯不着为一只玉环得罪守晋国强邻，子产却坚持不予。韩宣子只好直接找到那个商人洽谈购买，已经成交了，那商人说："必告君大夫。"韩宣子不得不再和子产商议，子产仍然不同意，并且详细阐述了不同意的理由，说："昔我先君桓公，与商人皆出自周。庸次比耦以艾杀此地，斩之蓬、蒿、藜、藋（diào），而共处之。世有盟誓，以相信也，曰：'尔无我叛，我无强贾，毋或匄夺。尔有利市宝贿，我勿与知。'恃此质誓，故能相保，以至于今。今吾子以好来辱，而谓敝邑强夺商人，是教敝邑背盟誓也，毋乃不可乎！吾子得玉而失诸侯，必不为也……”韩宣子听了这番道理，也就不再求购那只玉环了，而且私下里会见子产，感谢他使自己免于犯罪。从子产的谈话中，可证一开始郑国统治者就与商人订立了盟约，对商人实行保护政策。自郑国开国（前806）到子产执政处理玉环事件（前526）时已有280年的历史，说明郑国统治者执行保护商人利益的政策是坚定不移的，一贯到底的。

郑国的重商政策给郑国带来的好处实在难以用数字来计算。首先是发展活跃了郑国的经济。经济是基础，小小的郑国处在诸侯争霸的中心地区，能够长时间不被兼并掉，不能不说与它的经济实力有关，有了经济实力做后盾，无论开展军事或外交活动都要方便得多。其次，团结了全体人民，特别是殷商遗民逐步融入郑国社会，使他们感觉到自己不再是外人，而是郑国的一分子，从内心里产生了爱这个国家的感情。还有更重要的一点，就是商业的活跃必然带来经济的繁荣、文化事业的发展，人民的文化素质也就相应地得到提高，从而培养出爱国情操。弦高矫称自己为郑国的使者，他慰劳秦师的举动，与秦军统帅接洽时的致辞，礼仪周到，不亢不卑，绵里藏针，活现一位职业外交家在讲话。这样的举止言谈，绝不是以蝇头小利为目的的小商小贩所能做得出来的。这一点也值得我们今天在扶植商业时作为借鉴。要注意对商人进行传统的文化素质的培育，没有文化素质教养的商人，也不懂得何以要爱国，最容易走上唯利是图的歪道。郑国之所以出现弦高这样的爱国商人，正是郑国统治者长期实行重商政策促进经济繁荣发展的结果。

先秦时，羊何以受到青睐

小弟闻姊来，磨刀霍霍向猪羊。

——《木兰诗》

公曰："牺牲玉帛，弗敢加也，必以信。"

——《曹刿论战》

中语教材：《木兰诗》《曹刿论战》等

文史知识：古人喜爱羊的情况

早在先秦时期，人们就对羊（我这里讲的主要是绵羊）情有独钟。据《孟子·万章章句上》篇载，传说中的帝舜已饲养了不少的牛羊。"帝使其子九男事之，二女女焉，百官牛羊仓廪备，以养舜于畎亩之中。"舜的同父异母弟象与舜不睦，设计暗害他的哥哥，最初误以为阴谋得逞了，高兴得开始瓜分舜的财产。象说"牛羊父母，仓廪父母"，而把干戈、琴、弤（dǐ，弓名）等器物留给自己，让两位嫂子替自己收拾床铺。他清楚地认识，牛羊和其他器物同样是宝贵的财富，为了讨好一贯偏爱他的父母，特地将牛羊、仓廪献给两位老人。这个传说证明帝尧帝舜时代人们就已经重视饲养羊了。社会进入春秋战国时代，畜牧业有了一定的发展，古人对羊的喜爱、重视也与日俱增。据《周礼·夏官·司马》篇记，那时已有了专门管理羊肉店的官员，春秋战国时更有可买卖活羊和羊肉的市场。《左传·襄公三十年》载，在郑国发生的一次内讧中，大夫伯有就被杀死在卖羊的市场里（“伯有死于羊肆”）。《庄子·让王七》篇载，楚国有个名叫说（yuè）的屠羊专业户，他的住所就安在屠羊的市场内。这些事例说明当时买卖羊和羊肉的生意已很活跃，羊算得上相当普及的家畜了。这种现象必然会在历史文献上留下印记。《诗经》作为反映人民生活的文学作品，其中有不少篇章就写到了羊。如《召南·羔羊》篇说：“羔羊之皮，素丝五纶（tuó）。”写一个政府官员，身穿用白色丝带作纽扣的羔羊皮皮袄，洋洋得意。《王风·君子于役》篇说：“鸡栖于埘，日之夕矣，羊牛下来。君子于役，如之何勿思！”一位农家少妇，她的丈夫远在外地为政府当差，值此夕阳西下鸡回到了窝、羊牛走下山岗之际，触景生情，能不思念她的夫君！《豳风·七月》是一首记叙农人全年辛勤劳作的诗。诗中说：“四之日其蚤，献羔祭韭。”“曰杀羔羊，跻彼公堂；称彼兕觥，万寿无疆。”写收割之后，杀羊祭祀祖宗。宰杀肥嫩的小羊，敬酒碰杯，共祝万寿无疆。尤其是《小雅·无羊》篇，专写一个放牧牛羊的场面，诗中说“谁谓尔无羊，三百维群……或降于阿，或饮于池，或寝或讹，尔牧来思，何（荷）蓑何笠，或负其餱（hóu）。三十维物；尔牲则具。”意思是说，一大群羊（牛），毛色品种齐全。有的在喝水，有的从山岗上走下来，有的躺在草地上。牧人们荷蓑戴笠，背着干粮，穿梭其中，一派繁衍昌盛的景象。可以看出，作者是怀着欣赏的心情描绘这幅图景的。从《诗经》这许多涉及羊的篇章，我们得以知道，羊在两周时期人们的生活中占据着相当重要的地位。

古人爱羊还表现在对“羊”字及其相关字词的构造上。先秦时期，汉字仍处在继续创造、发展和完善阶段。象形的汉字尤其是会意字颇能表现出造字者的意愿与爱恶，如甲骨文的“[illegible]”字，简练的几笔就将一只漂亮的羊的模样勾画了出来。“美”字，《说文》：“美，甘也，从羊大。”段玉裁注：“羊大则肥美。”“鲜”字，鱼和羊都是美味的食品，因而合成为鲜字。“义”字繁体写作“義”，《说文》：“己之威义也，从我从羊。”段玉裁注：“威仪出于己，故从我。”“羞”字，指的是味美的食物。“羶”字，指羊的气味。古人认为这是一种好气味。《庄子·徐无鬼》：“羊肉不慕蚁，蚁慕羊肉，羊肉羶也。”因此把令人仰慕的行为叫做“羶行”。“舜有羶行，百姓悦之，故三徙成都，至邓之虚，而十有万家。”“祥”字，与羊通，吉祥也，善也。总之，凡是带有羊的合成字，大多表示积极正面的意义。

这就提出了一个问题：先秦和较古远时期，人们为什么对羊如此喜爱、如此赞赏呢？我以为，这是因为古人的生活习惯、宗教信仰以及繁衍生息的自然环境等诸多因素都与羊有着密不可分的关系。何以言之？

先说羊肉。先秦时代，牛、猪、羊三牲都是重要的肉食品来源。但牛是耕田的畜力，对以农耕为本的古人来说，杀一头牛就意味着减少了从事耕种的劳力。且牛的繁殖也不及猪羊迅速，牛的体积大，食量也大，养大一条牛很不容易，所以特别珍贵。猪的饲养条件也有一定的要求，在北地不是特别合适。而绵羊则不同，它是高寒干旱地区的一种食草动物，我们华夏民族的发祥地即最早的繁衍生息地区，从陕西的周原（周的祖先古公亶父生活在此）进而扩展到甘肃、宁夏、山西、山东、内蒙一带。这里土地平阔、百草丰茂，气候比较寒冷，正是饲养绵羊的好环境。羊肉滋味甘美，营养丰富，脂肪较多，吃了对抵抗寒气的侵袭颇有效应。从现存的先秦典籍来看，记载吃牛肉、猪肉的事例虽然有，但不很多，而记载吃羊肉的事例却是随处可见，也可证羊肉是当时较为普遍的肉食品。当时的烹饪技术也已进步。有烧有烤，有煮有蒸，而将羊肉做成羹则是众人喜爱的一种吃法。羊羹是将羊肉炖成肉汁，调以五味，所以羹字从羔从美。那时，人们将吃羊羹当作一回盛事。春秋战国时，至少有两次由于分吃羊羹不均，竟然酿出过战败和亡国的惨祸。一次是公元前607年，宋国与郑国作战前夕，宋统帅华元烹羊享士，而为华元驾车的羊斟没有分到。在作战的时候，羊斟说："畴昔之羊，子为政；今日之事，我为政。"结果，他驾驶战车驰入郑阵，造成华元被俘，宋军大败（《左传》《说苑》《史记·宋微子世家》都记载了这件事）。另一次是战国时的中山国，国君宴请都城中的士大夫，上菜时因为羊羹太少，不能人人遍食。大夫司马子期因为没有分到羹，一怒之下叛离中山，投奔楚国，并说服楚国征伐中山，导致中山竟以一杯羹而亡国（见《战国策·中山策（中山君飨都士）》）的悲剧。教材《木兰辞》中写木兰从军回来，家中人杀羊宰猪（"小弟闻姊来，磨刀霍霍向猪羊"）热烈欢迎。两个事例，从另一个角度说明人们把吃羊肉看得非常重要。所以，先秦的人对羊特别青睐也就不足为奇了。

其次，羊毛皮是做冬衣的上好材料。社会越处在原始阶段，

人们对原生态物资（指未经人工加工的物资）的依赖程度就越高。先秦时期，纺织业还处在发展初期，如能用畜兽类的毛皮做成御寒的冬衣，自然是理想的事情。但能提供毛皮的狐、貂等野兽生长在山野，不易被捕捉，且来源有限。绵羊则不同，它已被驯养为家畜，它的毛长而卷曲，洁白柔软，抗寒性强，资源又比较充裕，是一种比较理想的缝制冬衣的材料。例如，宁夏甘肃出产的滩羊皮，今天仍然是比较贵重的皮毛。前文指出，《诗经》中有好些诗篇描绘了人们穿上用羊毛皮制作的衣裘的情况。仅用《羔裘》同一名称为题的"风"歌就有三篇，分别列入《郑风》《唐风》和《桧风》中。如《郑风·羔裘》篇共三章，每章的第一句次第说："羔裘如濡""羔裘豹饰""羔裘晏兮"，夸耀诗中的主人公"穿着雪白的羊皮袄闪闪发光""羊毛皮袄镶上豹皮多好看""羊毛皮袄富丽又堂皇"，表现出周代人对羊毛皮衣裘特别喜爱的心情。

再次，羊是祭祀天地神灵祖宗的祭品。祭祀神灵是一种原始信仰中"万物有灵"观念的表现，也可说是一种原始宗教，是对客观世界虚幻的歪曲的反映。原始时代经济、文化和科学落后，初民们无法掌握自己的命运，于是就把希望寄托在天地神灵和祖宗身上，请求他们惠赐庇护。因此，祭品是非常神圣之物，并非任何食品都"可荐于鬼神"（《左传·隐公三年》）。当时的礼仪规定，要用三牲以享神灵。牛、羊、猪三牲齐备叫太牢，这是最隆重的祭礼。只用羊猪叫少牢，后专以羊为少牢。前已指出，由于牛特别珍贵，一般情况下用得较少，羊成了主要的祭品。先秦时期，我们的祖辈对待祭祀特别认真。孔子说："祭如在，祭神如神在。"又说："吾不与祭，如不祭。"（《论语·八佾》）在《左传·曹刿论战》中，鲁庄公说自己祭神用的"牺牲玉帛，弗敢加也，必以信”，以表示对神灵特别诚实守信。《齐桓晋文之事》中讲到用羊换牛（“以羊易之”）作为衅钟之礼的事。有一回，擅长理财的子贡提出要把“告朔”（诸侯在每月的初一来到祖庙，杀一只活羊举行祭礼，表示每月“听政”的开始，叫做告朔）用的那头饩（xì）羊省掉。孔子是竭力主张恢复礼治的，他对子贡的这个主意表示坚决反对，批评道：“赐也！尔爱其羊，我爱其礼。”（《论语·八佾》）虽然当时的鲁国，君主已不亲自到祖庙去举行告朔礼了，但孔子认为，只要告朔的羊在，告朔的礼就有恢复的可能，爱礼就不能吝啬那只饩羊。西周初期，周王分封诸侯，号称八百，后来长期相互兼并，到秦灭六国前，还剩下战国七雄等十来个国家。这些诸侯国一年四季都要以各种名义祭祀天地神灵。会盟时更要大搞歃血仪式，杀牛宰羊，神圣其事。有人统计，按鲁史《春秋》上的记载，242 年间，诸侯间的会盟活动就有 80 多次，作为祭祀的羊，各诸侯国的统治者对它有多重视就不需详说了。

羊的上述三种功能，完全符合先秦时期人们的生活习惯和要求。在体现当时人与天地神灵的关系方面，它又充当着祭品的神圣职责，所以受到了汉民族人的特别青睐。先秦以后，礼乐崩坏，奴隶制彻底完蛋，代之而起的是封建中央集权政体，祭祀天地神灵的活动虽然还在继续，但大规模的祭祀大大减少，总的来说是逐渐式微。特别是畜牧业的蓬勃发展，尽管人们仍然爱吃羊肉，但可供选择的肉食品种类大大增多，羊肉已不能独霸天下了；纺织业的兴起，各种棉麻丝绸的出现，羊裘的身价也就逐渐下跌，所以说，先秦时期是古人对羊特别青睐的时期。此后，羊的地位再也没能超过那个时候了。

将谈判的主动权始终掌握在己方

若亡郑而有益于君，敢以烦执事。越国以鄙远，君知其难也，焉用亡郑以陪邻？邻之厚，君之薄也。

——《左传·僖公三十年》

中语教材：《烛之武退秦师》

文史知识：春秋外交家的辞令

有人给外交工作下了个定义，说它“是国家的对外关系或对外事务的科学，更确切的意义是谈判的科学或艺术”（查·马顿斯）。我们知道，古人谈判主要是通过口头对话或信函往来交换意见，讨价还价，使双方或多方达成共识。这样，作为一个外交家就必须掌握出色的语言（含书面语）艺术，通过谈判，战胜对手。古语“千丈之城，拔之樽俎之间；百尺之冲，折之衽席之上”，就是这类身手不凡的外交家运用语言技巧战胜敌人的生动写照。

我国春秋时代，列国纷争，相互兼并，既有军事行动，也有外交谈判，出现了许多能言善辩的外家活动家。中语教材也适量地编选了记述这些外交家活动的文章。

例如《烛之武退秦师》。《左传·鲁僖公三十年》记载晋文公、秦穆公联合攻郑。发动这场战争的人实际上是晋文公，因为他作为流亡公子路经郑国时，郑文公不以礼相待，后来他回到晋国当了国君，郑文公又帮助楚国袭击晋国。虽然城濮之战，楚国被晋国打败了，但晋文公对郑国仍然耿耿于怀，拉拢秦国一起攻郑，以报前嫌。郑国是个小国，地处晋楚两个大国之间，事晋则得罪于楚，事楚则得罪于晋，左右为难，经常采取足踏两只船的态度，结果两国都不太赏郑国的脸。晋国与秦国联合攻郑，郑国远不是联军的对手。在此危急存亡之际，郑文公起用了老臣烛之武去做秦晋的分化瓦解工作。当夜，烛之武进入秦军的大本营。在敌人的重重包围下，在没有实力做后盾的情况下，安危系其一身的烛之武，是怎样说服秦穆公的呢？烛之武见到了秦穆公，陈述了一篇秦国灭郑对秦有损无益的说辞。首先，烛之武承认，秦晋围郑，郑自知无法抗衡，很快就会被灭掉，表明其态度是真诚地面对现实，但他马上口锋一转，说："若亡郑而有益于君，敢以烦执事。越国以鄙远，君知其难也，焉用亡郑以陪邻？邻之厚，君之薄也。"指明灭掉郑国对秦没有任何好处，反而增加了晋国的实力。接着，他又放出诱饵，"若舍郑以为东道主，行李之往来，共其乏困，君亦无所害"，保证将给秦国一定的报答。他看到秦穆公心有所动，便进一步提醒秦穆公回顾晋国与邻国交往中惯常不讲信义的历史，并分析其侵略扩充野心的趋势："且君尝为晋君赐矣，许君焦、瑕，朝济而夕设版焉，君之所知也。夫晋，何厌之有？既东封郑，又欲肆其西封；不阙秦，将焉取之？阙秦以利晋，唯君图之。”这段话指出晋国一贯背信弃义，不守盟约，且不断扩充自己的疆土，下一目标就是秦国。秦晋原本就是世仇，这次联合行动就很勉强，早就存有争霸野心的秦穆公听了烛之武的一席话，如梦初醒，立时与郑国达成协议，连夜将军队撤走了。秦军撤走了，晋国的锐气大减，也只得偃旗息鼓，收兵回国。

在这次与秦国的谈判中，烛之武没有虚张声势说郑国怎么强大，也没有故作镇定说，郑国如何下决心背水一战，更没有低三下四向秦国求情，他只是摆事实、讲道理，分析灭郑对秦国的弊端，使秦穆公从思想上认识这次追随晋国出兵的错误，从而作出撤军的决定。整个谈判过程，不是烛之武请求秦师不要进攻郑国，倒好像是烛之武在为秦国出主意，怎样保卫好秦国自身。烛之武始终将谈判的主动权控制在自己一方，实在是一位出色的外交语言艺术家。

为了全面了解春秋外交家语言艺术的特点，这里再补充两个有代表性的范例：

其一，《左传·鲁成公三年》，记晋知罃对楚共王问。鲁宣公十二年（前597），晋楚战于邲（郑地），“晋师败绩”。晋国下军大夫荀首的儿子知罃被俘。荀首为救儿子奋力反扑，射死了楚国的连尹（官名）襄老，并俘获了楚庄王的儿子公子谷成。过了九年，即成公三年，晋国送还楚公子谷成及连尹襄老的尸体给楚，以换回知罃。这时旬首已经是晋国的中军副帅，所以楚国同意了。楚共王在送归知罃前和他进行了一次交谈。知罃的回话也是一篇出色的外交辞令。兹将对话原文照录如下：

王送知罃，曰："子其怨我乎？"

对曰："二国治戎，臣不才，不胜其任，以为俘馘（guó）。执事不以衅鼓，使归即戮，君之惠也。臣实不才，又谁敢怨？"

王曰："然则德我乎？"

对曰："二国图其社稷，而求纾其民，各惩其忿，以相宥也。两释累囚，以成其好。二国有好，臣不与及，其谁敢德？"

王曰："子归，何以报我？"

对曰："臣不任受怨，君亦不任受德，无怨无德，不知所报。"

王曰："虽然，必告不谷。"

对曰："以君之灵，累臣得归骨于晋，寡君之以为戮，死且不朽。若从君之惠而免之，以赐君之外臣首，首其请于寡君，而以戮于宗，亦死且不朽。若不获命，而使嗣宗职，次及于事，而帅偏师，以修封疆。虽遇执事，其弗敢违，其竭力致死，无有二心，以尽臣礼，所以报也。"

身处囚禁之中，面对敌手的最高统帅，知罃一方面能坚定地阐述自己忠于祖国的立场，敢于说如遇楚军决不回避，将决一死战。另一方面讲话却非常得体，完全符合外交礼节，绝非赳赳武夫式的强横傲慢，而是谦恭有礼，向对方表示了应有的尊重。在温和的词语中，蕴藏着坚强的力量。一个被俘囚禁的人，处境险恶，意志却如此坚定。浩然正气跃然纸上。楚共王听了，感叹地说："晋未可与争。"准备了一份厚礼送知罃回国。

其二，《左传·鲁成公十三年》的吕相绝秦书。鲁成公十一年（前580），晋厉公原定与秦桓公会盟于令狐，结果晋君先到，秦桓公临时改变主意，违反盟约，后来秦仍对晋不友好。于是晋国率领他所控制的几个诸侯国的军队，准备攻打秦国。晋厉公先派吕相到秦国历数秦国之罪，送去的绝交书实际上是一份最后通牒，如果你不答应我的条件，“则寡人……其不能以诸侯退矣”。

绝交书回顾了自秦穆公、晋献公建立婚姻关系以来两国交往的历史。吕相摆出一副晋国向来重视与秦国友好相处的姿态，把秦晋关系恶化的责任全部推给了秦方。这是外交谈判中将主动权掌握在自己手中的一种方法。绝交书对秦国提出十三项指责，虽然其中有一部分事实，但大部分都是颠倒黑白、混淆是非的不实之辞，比如说，前面提到鲁僖公三十年秦国协同晋国围郑，本是晋文公为报复郑文公而发动的战争，可是在吕相绝秦书中却说：“郑人怒君之疆埸，我文公帅诸侯及秦围郑。秦大夫不询于我寡君，擅及郑盟。诸侯疾之，将致命于秦。文公恐惧，绥静诸侯，秦师克还无害，则是我有大造于西也。”在吕相的口中，晋国反倒成了秦国的有恩之人。又比如书中提到鲁文公六年，晋襄公去世，晋国自己决定请求秦国将寄居在秦的晋文公的另一个儿子公子雍送回到晋国继承君位，后来由于内部的争论，晋国忽然变卦，又改立公子夷皋（襄公之子灵公），反而将护送公子雍的秦军当作侵略者，乘其不备加以袭击，本属无理之极，可是在吕相绝秦书中，却变成秦康公强要立公子雍为晋侯，并振振有词地指责秦国，“又欲阙翦我公室，倾覆我社稷，帅我蝥贼，以来荡摇我边疆”，混淆事实，到了无以复加的程度。

以上三篇谈话，基本上代表了春秋外交辞令的风格。第一篇坦诚相言，实事求是，凭深刻的道理说服对方。第二篇紧握分寸，委婉陈辞，但却柔中有刚，软中含硬，使对方敬服。第三篇真真假假，巧言饰辩。春秋无义战，这类歪曲捏造的言辞是不讲信义的风格在外交语言上的表现。总的来说，春秋外交家的辞令体现了我国古文化的面貌。开了后世雄辩的先河，从好的方面看，它温文尔雅，不轻不重，不亢不卑，能把自己的意愿彻底表达出来。至于坏的方面，则是充满了欺诈、狡辩。因此在阅读春秋外交家们的外交辞令时，一定要反复揣摩，理解其言外之意，领会其高超的语言技巧。学习如何将谈判的主动权始终掌握在自己的手中。

三个大老粗何以写出撼人心弦的诗篇

风萧萧兮易水寒，壮士一去兮不复还。

——《史记·刺客列传》

力拔山兮气盖世，时不利兮骓不逝。骓不逝兮可奈何。虞兮虞兮奈若何。

——《史记·项羽本纪》

大风起兮云飞扬，威加海内兮归故乡，安得猛士兮守四方。

——《史记·高祖本纪》

中语教材：《荆轲刺秦王》《项羽本纪》等

文史知识：《易水歌》《大风歌》《垓下歌》等的写作背景

一说到写诗，人们总以为这是文人学士的“专利”，大老粗、赳赳武夫绝对不可能与诗歌结下什么情缘。然而，在中国历史上，有三个了不得的人物，他们都是只字不识或识字不多的地地道道的大老粗，却写出了撼人心弦、震动文坛的诗歌名篇。时至今日，这几首诗仍让人赞叹不已，从中得到启迪。

我要说的第一个大老粗诗人就是担任燕太子丹谋刺秦王政的杀手荆轲。战国时，社会上活跃着一群叫做士的人物。士可以分为两种类型：一种是用脑力的士，是当时的知识分子。他们有较深的文化修养，有的还有理论著述，自成一家，专门为统治阶级出谋划策；另一种则是用体力的士，这类士没有什么文化修养，多是些大老粗。他们寄迹于鸡鸣狗盗、屠羊赌博等下层社会，靠自己的某种一技之长谋生。他们讲信义，重然诺，轻生死，崇尚一种称为“义”的原则。为了履行某种“义”的使命，会拼上性命奋斗。荆轲就是这样一个击剑行侠用武力的士。

战国末年，秦国倚仗其强大的武装，骄横跋扈，向六国频繁进攻，气势咄咄逼人。眼看一座座城池变为它的领土，一个个侯王沦为它的阶下囚，诸侯六国惴惴不安，不知灾难何时降到自己头上。燕国在即将被秦灭亡的形势下，太子丹恳请荆轲赴秦去劫杀秦王，企图以此挽救燕国。荆轲认识到这是“国之大事”，考虑了一番，慨然应允。从历史的角度看，天下一统乃是社会发展的必然规律，但在当时人的心目中，秦国推行的是以强凌弱、以大欺小的强权政治，秦国是侵略者，是天下的恶霸，应该受到惩处。此时，荆轲决意“提一匕首入不测之秦”，去刺杀暴秦的头儿秦王嬴政。这种不畏强暴、不怕牺牲的精神，本身就是对弱小国家人民反对侵略斗争的一个极大鼓舞，所以荆轲是以匡扶正义、反抗强暴的英雄形象出现在世人面前的。当他出发去执行刺杀秦王的伟大使命时，周围的人都认定这是一个历史性的时刻，太子丹和“宾客知其事者”都穿戴着白色丧服为他送行。到了易水边上，祭完路神，选好道路，高渐离击筑，荆轲和着筑声唱了起来。唱的是变徵的悲调，人们都落泪垂泣，场面非常悲壮。

这不是一般的饯别送行，而是如同讨伐暴秦的一次隆重誓师。于是荆轲慷慨悲歌：

风萧萧兮易水寒，
壮士一去兮不复还！

荆轲把自己决心匡扶正义、惩罚邪恶、勇往直前、义无反顾的大无畏气概表达得淋漓尽致，真足以撼天地、泣鬼神。这么一来，易水送别场面的悲壮气氛被渲染得到了火热的程度，乐声也由悲壮的调子转为慷慨激昂的羽声，人们个个圆睁着双眼，怒发冲冠，荆轲登车而去，始终没有回头再看。历史记录了这一镜头，时间是秦王嬴政二十一年（前226）。虽然这次刺杀嬴政的行动没有成功，但荆轲的壮举实在是气吞万里，光照寰宇。此后的千百年间，举凡匡扶正义、决意赴汤蹈火的英雄豪杰，在其出征之时，许多人高唱着“风萧萧兮易水寒，壮士一去兮不复还”，为自己壮行。

第二个写出了诗歌名篇的大老粗是西楚霸王项羽。据《史记·项羽本纪》记载，项羽，名籍，“长八尺余，力能扛鼎，才气过人”，他“少时，学书不成，去学剑，又不成。项梁（羽的叔父）怒之。籍曰：‘书足以记名姓而已。剑一人敌，不足学，学万人敌。’于是项梁乃教籍兵法，籍大喜，略知其意，又不肯竟学”。可知项羽这人做事有始无终，是个没有文化的大老粗。但是，这个大老粗在推翻暴秦的战斗中却立下了奇功。巨鹿一战，项羽指挥楚军，破釜沉舟，以一当十，毁灭性地摧垮了秦军的主力，“诸侯军无不人人惴恐”“项羽召见诸侯将，入辕门，无不膝行而前，莫敢仰视”，尊他为诸侯上将军。可惜这位叱咤风云的猛将，只知使用武力，对新攻下的地区，无论军民一律视为“暴秦”，大肆烧杀掳掠，以致尽失民心。在楚汉相争中，又不能像刘邦那样“斗智”。几年的拉锯战，力量消耗殆尽。汉五年（前202），项羽的军队最终被汉军和诸侯军重重包围在垓下（今安徽省灵璧县）。项羽惊闻四面楚歌，自知末日来临，连夜起来，在营帐中把酒痛饮。想到自己曾经那么英勇无敌、横扫千军，现在行将落个悲惨的结局，一直陪伴他冲锋的骏马不知会落入谁人之手，还要与自己宠幸的美人永诀，不禁悲从中来，慷慨歌曰：

力拔山兮气盖世，
时不利兮骓不逝。
骓不逝兮可奈何。
虞兮虞兮奈若何！

英雄末路，徒唤奈何，至死也没有觉悟到失败的原因，反而把责任归咎于天命，说什么“时不利兮”“天亡我，非用兵之罪也”，真是荒谬已极。但是读完这首诗，从“力拔山兮气盖世”中，人们还是感受到一股强大的自信力，一种虽败而不可侮的凛然正气，并对项羽寄以极大的同情。这除了尊崇他在推翻暴秦的战斗中立过奇勋外，更为他光明磊落的人格魅力所慑服。比如楚汉对峙，他在广武向刘邦喊话：“天下匈匈数岁者，徒以吾两人耳，愿与汉王挑战决雌雄，毋徒苦天下之民父子为也。”垓下突围后，乌江亭长劝他渡江。项王曰：“籍与江东子弟八千人渡江

而西，今无一人还，纵江东父兄怜而王我，我何面目见之？纵彼不言，籍独不愧于心乎？”这种把父老装在心里，“身犯事身担当”，敢于承担责任，甚至坦然付出生命代价的态度，闪耀着古代英雄主义的光辉。李清照是最理解项羽的，她为项羽高尚的人格魅力作了高度评介，赞扬他生是“人杰”，死为“鬼雄”，所以项羽虽然唱出了霸王别姬的悲歌，但没有人认为他是怯懦的可怜虫，倒觉得他是位真正的英雄。并非每位英雄都能获得成功，然而有不少成功者距英雄何止十万八千里！

第三个写出诗歌名篇的大老粗是汉高祖刘邦，《史记·高祖本纪》没有明言刘邦是个不识字的大老粗。但《汉书》指出，“高祖不修文学”。刘邦本人没有名字，小时候昵称为季，古代兄弟排行依次为伯仲叔季，季是最末，译成今天的话，刘季就是刘老满或刘家满伢子，做了皇帝后才取名为“邦”的。刘邦没有读过书，而且对读书人非常仇视，看见儒生就要摘下人家的帽子往里面撒尿（《史记·郦食其传》中说“高祖好溺儒冠”）。刘邦早年的一切言行，都证明他是个不讲文明礼貌的大老粗。但这个大老粗却不简单，在秦末农民反秦的大起义中，他参加了义军，经过七年的浴血奋战，伙同各路诸侯推翻了秦王朝的统治，接着又消灭了与他争夺天下的强劲对手项羽，于公元前 202 年统一了中国，登上了帝位。这期间，经历了多少风云际会，闯过了无数艰难险阻，非雄才大略不可能成此大业。但是，即便这时天下也还没有达到完全安定的程度。那些与刘邦一块儿参与推翻秦王朝的人相互间原本平起平坐，现在却要在他的面前称臣，心中不服。另外，有些人原是项羽或其他诸侯的下属，内骨子里是反刘邦的，因此建国初期，新王朝表面上全国统一，实际上隐藏着不少反叛势力。据载，从刘邦于公元前202年在汜水即位到他逝世前的公元前195年的七八年间，公开武装叛乱或阴谋暗中杀害他的，先后就有燕王臧荼、原项羽部将利几、淮阴侯韩信、韩王信、赵相贯高、代相陈豨、梁王彭越等，有几次形势还相当严峻。最后一个反叛的是淮南王英布。汉高帝十二年，刘邦亲自率兵在会甄（今安徽省宿县西南）打败了英布，英布逃走，高祖派将领追击，自己领兵回京，路过故乡沛县时停下来，在沛宫举行宴会，将家乡故友和父老子弟统统请来，纵情痛饮，还挑选沛县120名儿童，教他们唱歌。酒兴正浓时，高祖击筑，即席作歌曰：

大风起兮云飞扬，
威加海内兮归故乡，
安得猛士兮守四方！

这就是闻名古今的“大风歌”。诗的第一句是对自己参加义军十来年“风起”“云飞”，逐鹿中原、戎马生涯的追忆，这其中有许多令人感到欢愉的喜事，也不乏让他心有余悸的后怕，所以和唱时，禁不住“起舞，慷慨伤怀，泣数行下”，真的动了感情。第二句是他眼前宏图大展的写照。浴血十年来，竟然打出了个刘家天下，连他自己也始料未及，当然值得骄傲，这句诗也是他个性本质的暴露。眷恋故土，祈盼衣锦还乡是一种狭隘的小农思想的体现。农民长期黏附在小块土地上，生产方式落后，生产水平很低，所见不广，养成了他们恋乡怀土的感情，取得些成绩，就要在故人面前显示一番，所谓“富贵不还乡，如锦衣夜行”便是；结了冤仇，就耿耿于怀，总想设法予以报复。刘邦虽然当了皇帝，但本质上仍是个农民，汉高祖“九年冬十月，淮南王、梁王、赵王、楚王朝未央宫，置酒前殿，上奉玉卮为太上皇寿，曰：‘始大人常以臣亡赖，不能治产业，不如仲力，今某之业所就孰与仲多?’殿上群臣皆称万岁，大笑为乐”（《汉书·高帝纪》）。他的父亲刘太公曾经责备过他懒惰，他记恨于心，公然炫耀今日成就，是典型的狭隘的农民思想的反映。在征讨英布的回京路上，特地到故乡沛县停留，是衣锦还乡的总表演。“威加海内兮归故乡”，充满着沾沾自喜、自我陶醉的色彩。在感情激动中，刘邦对沛县父老说：“游子悲故乡，吾虽都关中，万岁之后，吾魂魄犹乐思沛。且朕自沛公以诛暴逆，遂有天下，其以沛为朕汤沐邑，复其民，世世无有所与。”儿女子气十足。作为大汉朝的皇帝，其言行与世俗之人毫无二致，刘邦是渺小的。但他毕竟是开国之主，立时就从个人感情的圈子里清醒过来，回到了现实的角色。剪除叛乱的征尘尚未完全抖落，前面所述那些彼落此起的叛逆者的阴影仍在晃动，深知当下第一位的事仍旧是安定大局，于是自然而然地道出了他的忧虑：“安得猛士兮守四方!”“大风歌”的成功就在于它将一个具有复杂情怀的刘邦活脱脱地呈现在读者面前。

现在再回到本文开头提出的问题上来。这三个大老粗何以能写出这样传诵千古的诗篇呢?（说“写”是习惯上的讲法，其实他们根本就没有动笔也不会用笔，正确的说法应该是“创作出”或“吟诵出”。）我们通过以上对这三个大老粗创作这些诗歌的背景的分析可知，原先他们谁也没有想过要舞文弄墨，不像杜甫那样念念不忘“诗是吾家事”（给儿子宗武生日的诗），也不像辛弃疾那样“为赋新词强说愁”（辛弃疾《丑奴儿》），也许他们压根儿就没有考虑用诗歌的形式来表达自己内心对某件事情的感受。诗是什么？袁枚在其《随园诗话补遗》中说“诗是性情”“诗贵真”。这三个大老粗之所以突然用诗歌来抒发自己的感情，就因为他们参与了当时的现实斗争，全身心地投入了这些事业，是生活的主人，胸中积累了无数的激情。他们的爱，他们的恨，有如地球深处的岩浆等高温物质一样在一定条件下会从裂缝中喷出来。易水告别是激励荆轲朗吟“壮士一去兮不复还”的契机，垓下之围是触发项羽放歌、霸王别姬的引子，沛宫酒宴是引发刘邦高唱“大风歌”的条件。这些事件都在一定程度上影响着历史的发展，其意义绝非一般。尽管三人没有什么文化修养，但他们将自己对生活的真切体验，与本身的禀赋、气质，熔铸在一起，终于以诗歌的形式爆发出来，所以三个大老粗创作出了传诵千古的诗篇，再次证明，诗言志，生活是诗歌的源泉。

秦王的剑是怎样拔出来的

秦王惊，自引而起，绝袖。拔剑，剑长，掺其室。时惶急，剑坚……秦王方环柱走，卒惶急不知所为。左右乃曰："王负剑！王负剑！"遂拔击荆轲，断其左股。

——《战国策·燕策》

中语教材：《荆轲刺秦王》

文史知识：古代短兵器中的匕首和剑

荆轲刺秦王是战国时燕太子丹策划的一次重大劫持事件，或者说一次斩首行动，虽然没有成功，但其影响特别深远。太子丹在请求荆轲担当刺杀秦王的杀手时，说："诚得劫秦王，使悉返诸侯之侵地，若曹沫之与齐桓公，则大善矣；则不可，因而刺杀之。彼大将擅兵于外，而内有大乱，则君臣相疑，以其间诸侯，诸侯得合纵，其破秦必矣。"话说得很明白，就是要劫持秦王，胁迫他归还往昔侵占诸侯各国的土地，如其不然，就杀死他，使秦国的政治军事领导层处于群龙无首的状态，六国乘机联合起来，打败秦国。燕丹的这个主意不能说没有道理。但刺杀秦王就必须有机会接近秦王，为此，太子丹将装有秦国“通缉犯”樊於期将军的头颅的匣子和答应割让给秦国的土地——督亢的地图作为礼物由荆轲带去献给秦王，终于骗得了秦王的应允，在咸阳宫正式接见荆轲及其助手。说句笑话，要是在今天，与秦王面对面的荆轲只需一颗小小的塑胶炸弹，就可以将秦王当场炸成齑粉，然而，那时不可能有炸弹一类的武器，荆轲行刺所持的武器是一把匕首，结果匕首没能刺中秦王，反被秦王携带的佩剑所砍杀。是不是匕首不如佩剑锋利，或者使用上不当？让我们先看看当时这两种兵器的构造和性能吧。

古代的武器可分为短兵器（如刀斧）、长兵器（如枪矛）、远射器（如弓弩）和防御器（如甲盾）四种类型，匕首与剑都属于短兵器一类。

其实匕首也是剑，只不过是短剑。中国最早的剑是青铜铸造的，其最早制作期大约是商末周初，直到战国时我国才进入铁器时代。迄今为止，出土的先秦武器基本上是青铜铸造的。据《史记》载，秦始皇统一中国之后，“收天下兵，聚之咸阳，销以为钟鐻，金人十二，重各千石，置廷宫中”。这里的“金”是指青铜还是黑铁呢？据唐张守节《史记正义》引《三辅旧事》说：“铸铜人十二，各重二十四万斤。”又说：董卓“坏其十为钱，余二犹在”，石季龙“徙之邺”，苻坚又“徙之长安而销之也”。《三国志·董卓传》：“悉椎破铜人，钟虡（jù，悬挂编钟编磬的木架）及坏五铢钱，更铸为小钱。”以上各说证明秦始皇销毁六国兵器而铸成“金人”的金是青铜，所以董卓等能拿来作为铸钱的材料。看来青铜作为制造兵器的原材料连续使用了相当长的时间，燕秦两国的剑自不例外。

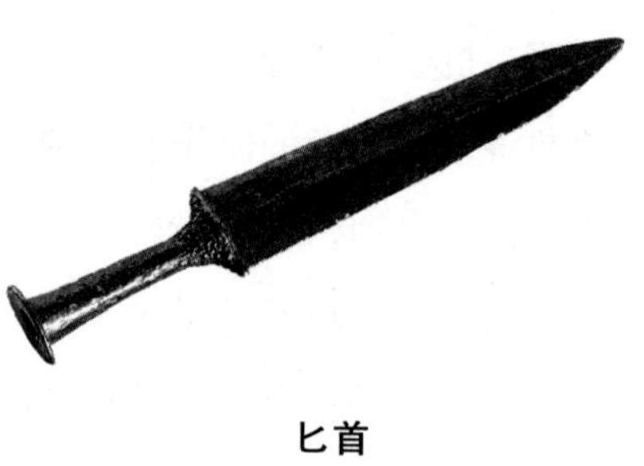
匕首

最初的剑很短，《盐铁论》说它长尺八寸（约十七厘米），头很像匕（箭头），所以叫匕首。它两面有刃，中间有脊，锋端尖锐。在以车战为主的两周、春秋和战国前期，交战双方使用的武器多是远射器和长兵器，匕首难以发挥作用，一般只把它作为防身工具或表示身份的标志。但匕首携带方便，与敌人格斗用起来非常灵巧；用于行刺，可以乘人不备突然袭击。春秋时（前515），吴公子光弑杀吴王僚，用的就是一把叫“鱼肠剑”的匕首。公子光请吴王僚赴宴，吴王僚颇疑公子光有异，所以身披重甲，陈设兵卫，从王宫起至公子光的家门口。如此警卫森严，便以为万无一失了，刺客专诸却将鱼肠短剑暗藏在鱼腹之中，装扮成庖人，躲过了严格的检查，借献鱼炙之机，从中抽出，猛刺吴王僚的胸口，吴王僚立时断了气。（事见《左传·昭公二十七年》及《史记·吴太伯世家》）这次宫廷政变的成功，短小锋利的匕首起了重要的作用，受到了人们的青睐。到后来，它的身价越来越高，造型也不断得到改进，最显著的变化是剑身增长了。以1965年在湖北江陵一座楚墓中出土的一柄标明“越王勾践，自作用剑”的剑为例，长55.6厘米，比周初时增长了两倍，重587克，有茎有首，剑身满是整整齐齐的菱形花纹，剑身和剑柄之间还镶着蓝色的琉璃珠和绿松石，人们已经开始注意其外形的美观了。

像其他古代的冷兵器一样，剑的质量也以吴、越生产的为最

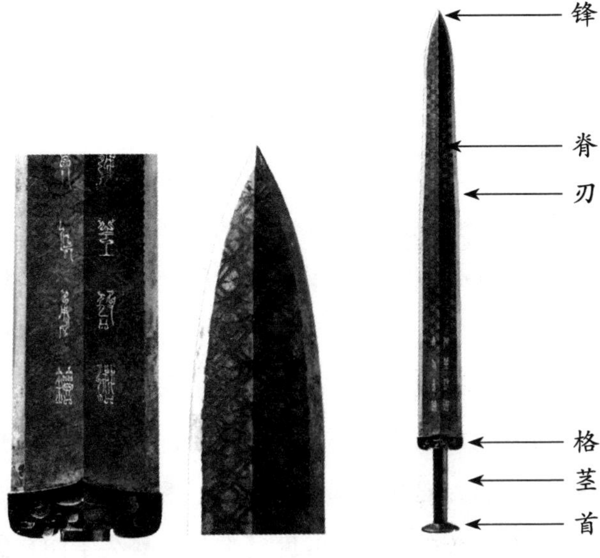

越王剑

好，因为吴越一带盛产金、锡，又擅长冶炼，所以造出的剑特别锋利，尤以吴剑为最。《战国策·赵策三》记赵奢与赵惠文王的对话，赵奢说："夫吴干之剑，肉试则断牛马，金试则截盘匜（匜，yì，古代盥洗用具。盘用以承水，匜用以注水）。"肉体大如牛马，硬度强如金属器皿，都不堪吴剑一击，可见吴剑是何等的锋利。赵奢的话容易让人怀疑为文学的修饰，但上面讲到的那把越王勾践的宝剑，在泥土中足足睡了2500多年，出土后，有人拿它照平铺在桌面上十几层厚的纸上轻轻一划，那些纸立即被齐刷刷地划成两半，可证赵奢讲的不是假话。又据专家对秦始皇卫士墓穴中发掘的刀剑和弩进行检验，发现都有烧蓝，埋在地下两千多年而没有生锈，可见其科技水平也达到了一定的程度。

2500年前的青铜剑如此锋利，说明其冶炼水平很高，其铸

造工艺也相当先进，只有从事专业生产才能达到这样的水准。著名的干将、莫邪夫妇大概就是这样的专业人员，欧冶子也是这样的铸剑专家。综合《左传》《国语》《国策》《荀子》《越绝书》，还有《吴越春秋》等古籍所载，当时造出的名剑还有很多。剑虽然越造越多了，但其造价还不是普通百姓所能负担得起的，有资格佩剑的多系王公贵族。史载吴国延陵季子出使中原诸侯各国时，带宝剑给过徐国，“徐君观剑不言而色欲之”。季札知道徐君的意思后，内心答应了他。可他自己正在出使途中，佩剑是当时外交使节礼仪上的需要，不便即时赠与，待他完成外交使命返吴再路经徐国时，徐君却不幸已经死去，季札就解下宝剑把它挂在徐君墓旁的一株松树上。（事见《左传·襄公十四》《左传·二十九年》《史记·吴太伯世家》）这事说明，即使一般王公贵族也不一定拥有宝剑，尤其是优质的宝剑，不然徐君何以羡慕季札的剑以至于此呢！而季札视信义重于宝剑，这种生死不渝的高尚情操也就成为千古美谈了。

到了战国末年，剑身有所加长。《涉江》中说：“带长铗之陆离兮，冠切云之崔嵬。”可见屈原佩带的就是长剑。从近世出土的战国剑看，已达到今天的 80—100 厘米，造型也更趋完美。为便于携带和保藏，还造了剑鞘（剑室）。这时冶炼技术有了进一步发展，加上铁矿的广泛开采，黑铁已逐渐成为制造兵器的材料，成本自然降低，铸一把剑要比先前容易得多，有条件佩剑的人也就多了，连穷困到当食客的冯谖也随身携着一把长剑，动不动就倚柱弹其剑曰：“长铗归来兮……”到战国末年止，剑的制造情况大体有如上述。

从专诸刺杀吴王僚（前 515）到战国末（前 221）的近三百

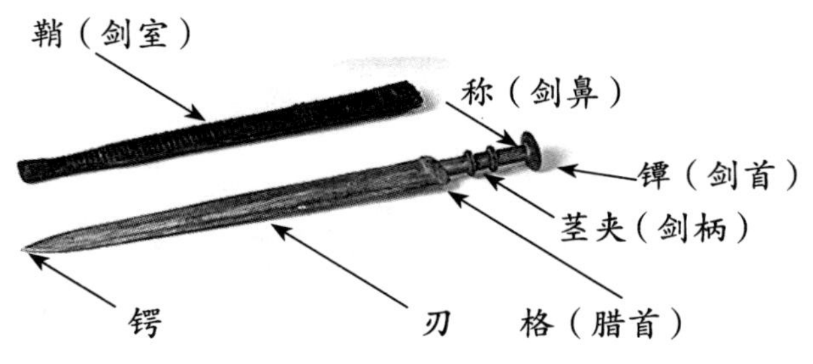

战国后期的有鞘剑

年间，武器的生产虽说有了很大的进步，但毕竟没有发展为机械性的器械，所以荆轲和专诸一样，仍旧选择了匕首作为行刺的兵器。这当然是经过慎重考虑而作出的决定，因为只有小巧轻便的匕首便于藏匿，才有可能躲过秦国兵卫的严格检查。在匕首质量方面，太子丹已“预求天下之利匕首，得赵人徐夫人之匕首，取之百金，使工以药淬之，以试人，血濡缕，人无不立死者”，属于上等质量。荆轲藏匿匕首的办法也几乎与他的刺客前辈专诸一个模式，将它卷在献给秦王的督亢之地的地图内。决定性的时刻自然是刺杀的那一刹那。《战国策》就荆轲刺杀秦王的场面作了详细的记述与描绘：

“……荆轲奉樊於期头函，而秦武阳奉地图匣，以次进至陛下。秦武阳色变振恐，群臣怪之，荆轲顾笑武阳，前为谢曰：‘北蛮夷之鄙人，未尝见天子，故振摄，愿大王少假借之，使毕使于前。’秦王谓轲曰：‘起，取武阳所持图。’轲既取图奉之，发图，图穷而匕首见。因左手把秦王之袖，而右手持匕首揕之，未至身，秦王惊，自引而起，绝袖。拔剑，剑长，掺其室。时惶急，剑坚，故不可立拔。荆轲逐秦王，秦王环柱而走。群臣惊愕，卒起不意，尽失其度。而秦法，群臣侍殿上者，不得持尺兵。诸郎中执兵皆陈殿下，非有诏不得上。方急时，不及召下兵，以故荆轲逐秦王，而卒惶急无以击轲，而乃以手共搏之。是时，侍医夏无且以其所奉药囊提轲。秦王方环柱走，卒惶急不知所为。左右乃曰：'王负剑！王负剑！'遂拔以击荆轲，断其左股。荆轲废，乃引其匕首提秦王，不中，中柱。秦王复击轲，被八创。轲自知事不就，倚柱而笑，箕踞以骂曰：'事所以不成者，乃欲以生劫之，必得约契以报太子也。'左右既前斩荆轲，秦王目眩良久……"

就这样，刺杀失败了，彻底地失败了。这次行动何以会失败呢？这里仅就使用兵器的角度作分析。我们知道，用匕首做行刺的武器，其先决条件就是要接近被刺杀的对象，近距离格斗，身体碰撞身体，一伸手就可刺到目标。其次，运用剑术要遵循快、准、狠的原则。快，就是要以迅雷不及掩耳之势突然袭击，使对方措手不及，没有时间还击。准，就是要刺中其要害部位，因为给行刺者提供的时间不会是充裕的，只有准才能在有限时间内发挥最大的效能。狠，就是下手要有力量，才可置对手于死地。荆轲的前辈专诸，正是做到了这些，所以令吴王僚立时送了性命。反观荆轲，秦王在咸阳宫正式接见他，并让他亲自献上督亢之地图，客观上为他提供了近距离刺杀的条件，可是荆轲脑子里的第一个想法却是劫持秦王，活捉他，因而用左手抓住秦王的衣袖，被秦王挣断了衣袖，跳起来就跑，这样，荆轲便丧失了近距离刺杀的条件。失去了这一条件，匕首行刺所拥有的优势就不复存在，反而变成了劣势，更谈不上什么快、准、狠了。秦王于急切中来不及拔出剑而仓皇绕柱逃跑，是荆轲刺死秦王的第二个机会，但秦国的臣僚纷纷赤手空拳参与了搏斗，干扰了荆轲的行动，而荆轲的助手秦武阳这个一勇之夫，不但没有帮上忙，反而由于他的突然“色变振恐”造成秦国群臣生疑，荆轲为掩饰秦武阳的反常表现而分散了心思。在荆轲追逐秦王的时刻，秦武阳竟无半点作为，所以荆轲又丧失了第二个成功的机会。秦王拔剑出来，砍断了荆轲的左腿，荆轲只有孤注一掷拿匕首向秦王投去，慌乱中投向了柱子，这样一来，匕首已不在手，连反击的能力也没有了，就只能坐以待毙。

再看挨刺的秦王。由于国力强盛，他骄横自信，不把六国放在眼里，即使秦武阳表现异常，也没有引起他必要的警觉。只是在“图穷而匕首见”时，才本能地挣脱衣袖跳起来逃跑。他佩带着长剑，紧急时连拔也拔不出来，其原因之一是“剑坚”（剑在剑鞘中插得很牢），不能马上拔出来。说明他平日可能很少使用或演练，佩剑的主要动机仅仅是作为一种礼仪，显示自己的威严。剑拔不出来的另一个原因是“剑长”，在臣僚们大声喊叫“王负剑”的启示下，秦王才把剑拔出来。关于这一情节很多注解语焉不详，譬如有本注释道：“把剑推向背后，便于抽出剑鞘。”把剑推向背后，怎么会便于抽出剑鞘呢？我们已经知道剑的构造，所以不妨按“负剑”的办法作一番推演。战国末年，剑的长度已相当于现今的80—100厘米，还造了剑鞘。人们一般习惯以右手握物，所以剑挂在左边，悬着的剑鞘之口应该与腰带的位置大致相平。这样，要从正面将剑全部抽出来，握持剑柄的右手至少要举到与剑鞘口相距80厘米（剑身的全长）以上的高度。恐怕一个八尺之躯的汉子做起来也不容易，更何况“剑坚”，而秦王又正在紧张地绕柱逃跑呢！应该指出，战国时已进入铁器时代，有些地方已经用铁作为制剑的材料，还有许多兵器，甚至是钢制品，考古工作者曾经在长沙杨家山春秋晚期的墓葬中发掘出铜格“铁剑”，通过金相检验，证明是钢制品。凡是有剑鞘装好的剑，剑身都比先前的薄些，由于精心的冶炼，硬度已达到了钢的水准，且具有一定的弹性。统治阶级虽然不是科学技术的创新者，但历来都是其成果的最先享用者。贵为秦国之君，而佩带宝剑又是其仪礼上的需要，因此估计秦王所佩带的那口剑就很可能是钢制品，至少是黑铁铸造的。他按照群臣的提示，把剑推倒背上，以肩膀为支点，加上剑身有一定的弹性，右手握住剑柄，向上猛抽并稍往下压，这样就再不受剑鞘口与右手所举的长度必须超过剑身长度的限制，而长剑就越过肩膀全部抽出来了。这是我的一个推测，秦王的剑应该是这样拔出来的。剑拔出来了，此时，秦王又可以自由地与荆轲保持一点距离，长剑的优势就可以得到充分的发挥，所以，投出了匕首后的荆轲，便不可避免地死在秦王的利剑之下了。

荆轲刺秦王不是“匕首”与“剑”的较量，两者各有各的优势。荆轲没有刺中秦王，有许多偶然因素，即使当场杀死了秦王，也不可能改变中国社会走向统一这个历史进程，但荆轲疾恶如仇、不畏强暴、敢于牺牲的精神还是令人敬佩的。

“怒发”怎样“冲”起了“冠”

高渐离击筑，荆轲和而歌，为变徵之声，士皆垂泪涕泣。又前而为歌曰：“风萧萧兮易水寒，壮士一去兮不复还！”复为慷慨羽声，士皆瞋目，发尽上指冠。

——《战国策·燕策》

王授璧。相如因持璧却立，倚柱，怒发上冲冠，谓秦王曰：“大王欲得璧，使人发书至赵王，赵王悉召群臣议，皆曰：‘秦贪，负其强，以空言求璧，偿城恐不可得。’议不欲予秦璧……大王必欲急臣，臣头今与璧俱碎于柱矣。”

——《史记·廉颇蔺相如列传》

哙即带剑拥盾入军门，交戟之卫士欲止不内。樊哙侧其盾以撞，卫士仆地。哙遂入，披帷西向立，瞋目视项王，头发上指，目眦尽裂。

——《史记·项羽本纪》

中语教材：《荆轲刺秦王》《廉颇蔺相如列传》《鸿门宴》等

文史知识：古人头上的冠

中学语文教材古典作品中至少有三篇文章出现了与“怒发冲冠”的意思大致相同的词。一见于《荆轲刺秦王》。荆轲受燕太子丹的委托去刺杀秦王。出发时，在易水河畔与饯行的人诀别。高渐离击筑，荆轲应声和唱：“风萧萧兮易水寒，壮士一去兮不复还。”歌声高亢，气壮山河。送行的人都激动得圆瞪着眼睛，“发尽上指冠”。另见《廉颇蔺相如列传》。秦国得知赵国获得和氏璧的消息，立即发去国书，愿以十五城换取它。屈于强秦的压力，赵国派了蔺相如送玉璧至秦，秦王非常高兴，将玉璧传给嫔妃和左右侍臣观赏，却无意将城池偿付予赵。蔺相如感到赵国蒙受了极大的侮辱，气愤得“怒发上冲冠”，准备把玉璧和自己的头颅一块儿往宫殿的柱子上撞碎。还有一篇是《鸿门宴》，写樊哙闯进宴会，“瞋目视项王，头发上指，目眦尽裂”，斥责项羽不讲信义。看来，先秦的人用这一意思的词来表示极度愤慨的感情已很普遍。这里再举一例。《庄子·盗跖》篇写孔子欲劝盗跖放弃对奴隶主的斗争。他走到盗跖的住所，自报家门，要求会面，“盗跖闻之大怒，目如明星，发上指冠，曰：‘此夫鲁国之巧伪人孔丘非耶？……’”后来，人们把这种描绘生气时头发往上竖的现象浓缩为一个成语即“怒发冲冠”，如岳飞的《满江红》写道：“怒发冲冠，凭栏处，潇潇雨歇。”

从上述五处语言环境中看，这个词都是表示非常愤怒的意思。可是有人大概觉得这样解释还不够传神，而把它直译为“愤怒得头发都竖了起来，顶住了帽子”（《宋词选》上海古籍出版社，岳飞《满江红》“怒发冲冠”条注）。其实，这种解释是不准确的。《十万个为什么》中说过，人在生气时头上的毛发确会竖起来，但无论怎样也不可能将帽子冲了上去，即使是夸张也是失实的夸张。其所以出现这种错误，一方面是对这个成语的解释采取了“望文生义”或者说“硬译”的方式。成语有它的特定意义，定型后，有的成语仍然可以从字面上看出它的意义，有的却不能按照字面上的意义去理解。譬如“山高水低”一词，说的是意外的不幸事件。《水浒》第四回：“若是鲁提辖在此，诚恐有些山高水低，教提辖怨恨。”如果解作“像山那么高耸，像水那么在地下流”，岂不成了笑话！把“怒发冲冠”解作将帽子冲了上去，有类于此。另一方面则是对古人服饰中的“冠”缺乏全面的了解。

穿衣、戴帽、着鞋，是人类由原始时代进入文明社会的一大标志。这里单独谈谈“冠”的情况。冠是做什么用的？它到底是个什么模样？也许有人认为这些问题过于简单，正因为简单，有些地方倒被人忽略了表达的精确性。

《后汉书·舆服志下》说：“见鸟兽有冠角髯（rán，两颊长须）胡之制，遂作冠冕缨蕤（ruí，下垂的装饰物）以为首饰。”意思是说，看见鸟兽头上生有帽状的毛角和胡须，于是便仿制成饰有流苏的礼帽戴在头上作装饰品。照这个说法，戴冠的目的在于装饰，让人显示出轩昂的器宇。

古代贵族男子二十而冠，届时还要举行隆重的加冠典礼。加冠了，表示这个年轻贵族从此有了管理的特权、服兵役的权利以及参与祭祀的权利。在世袭制时代，“国之大事在祀与戎”。从这个角度看，冠礼实际上是认可这个贵族青年从此可以参与管理

国家的事务了，是有责有权的社会成员。《释名·释首饰》说，古人“二十成人，士冠庶人巾”。用戴冠或束头巾来区别士与庶人的身份。从这个角度看，戴冠又是划分社会地位的标志。只有成年贵族方能戴冠，因此冠也就成了达官贵人的代称。《战国策·魏四》：“齐楚约而欲攻魏，魏使人求救于秦，冠盖相望，秦救不出。”汉晁错《论贵粟疏》：“千里游敖，冠盖相望。”这两句话中的冠就是官吏的礼帽，盖是官吏乘坐车辆的车盖。借官吏的服饰与车乘代指官吏。“冠盖相望”即指一路上官员们络绎不绝。准备上任为官叫“弹冠”，辞官不干叫“挂冠”。古人把戴冠这件事看得非常重要，一个有身份的人必须衣冠整齐。《论语·尧曰》：“君子正其衣冠，尊其瞻视，俨然人望而畏之，斯不亦威而不猛乎？”对那些不顾名节、丧尽廉耻的人则被斥责为衣冠禽兽。在公开场合如果没有特别原因是不能不戴冠的。《晏子春秋·内篇杂上》记齐景公“被发，乘六马，御妇人，以出正闺”。守门人刖跪“系其马而返之，曰：‘尔非吾君也。’公惭而不朝”。刖跪之所以敢于这样对待景公，不让他的车马走出宫门，其中重要的理由就是齐景公被发而不戴冠，因为景公如此穿戴不合礼制。当时不但要求有地位的人戴上冠，而且要按规矩扎好冠缨。《孟子·离娄下》说：“今有同室之人斗者，救之，虽被发缨冠而救之可也，乡邻有斗者，被发缨冠而往救之，则惑也。”在孟子来看，扎冠带的事在特殊的情况下才可以权变一下。但有的人连这么一点权变也不干，认为违反了礼制。公元前 480 年（《左传·哀公十五年》），卫国发生政变，子路冲进宫中与发动政变的人格斗，被对手以戈击中，并砍断了他的冠缨。子路说：“君子死，冠不免。”于是放下武器来结扎冠缨，就在此刻被敌手砍成了肉酱。像子路这样的书呆子，其迂腐确实达到了可笑的程度。但通过这事，可以看到古人对戴冠看得比生命还重要。

现在，我们通常把冠解作帽子，因为这两件东西都戴在头上。《辞源》说，冠是帽子的总称。在“帽”的词条中则说：“凡盖在头上的都叫帽。”实际上，冠与帽子并不完全相同。在作用上看，冠主要表明戴冠者的身份，帽子主要起保暖、防雨、遮阳的作用；在形制上看，帽子牢牢地套在人的头上，冠并不能像帽子那样把头顶全部罩住，而是用一个冠圈套在发髻上，上面有冠梁，自前至后覆在头顶上，束住头发。戴冠时，先将头发挽到头顶上盘成髻，用缅（xǐ，包头发的丝帛）把发髻包住，然后加上冠，用簪子左右横穿过冠圈和发髻，使冠固定起来，再用冠圈两旁的丝绳在颔下打结，这就再次把冠圈固定在头上了。这两根丝绳叫做缨，缨打结后余下部分垂在颔下叫做纮（hóng）。看得出来，冠与发髻是紧紧连在一起的。当一个人极度愤怒时，血液循环加快，瞪目切齿，全身颤抖，包在一起的发结会随之晃动，冠也就连同晃动起来了。这就是我们所说的“怒发冲冠”，绝不是“愤怒得头发竖了起来，顶住了帽子”。头发虽然不能冲起冠，但发怒时因头发的晃动而带动冠的颤动，还是让人感到了发怒者与仇敌不共戴天，准备拼个你死我活的大无畏气概。所谓的怒发冲冠就是这样“冲”起来的。

齐国为何要求长安君做人质

赵太后新用事，秦急攻之。赵氏求救于齐，齐曰："必以长安君为质，兵乃出。"太后不肯，大臣强谏。

——《战国策·赵策》

中语教材：《触龙说赵太后》

文史知识：古代的质子

战国时，七雄兼并，战争频繁。秦国最强，其余六国，有时联合起来共同对付秦国，但六国各自的利益不同，加上秦国的挑拨离间，联合阵线并不巩固，斗争异常复杂。公元前265年，赵惠文王去世，他的儿子赵孝成王继位，因为年幼，由其母赵威后执政。秦国乘机向赵国发动进攻，赵国抵御不了，于是向齐国求援。齐国提出，要赵太后将她的小儿子长安君送到齐国做人质，方肯出兵。赵太后不答应，无论群臣怎样劝谏，也不首肯，事情陷于僵局。

齐国为什么提出这样一个条件呢？这与当时复杂的斗争情况

密切相关。齐国如果答应出兵，不仅要消耗军力、财力，还可能遭到强秦的报复，风险很大。在那个不讲信义的年代，为了防止出兵之后赵国忘恩负义、过河拆桥，齐国提出要赵国送一个王子来做抵押。

抵押的办法最初大概出现在借贷关系中，债主为预防借债人丧失偿还能力，或者发生赖账行为，要求借方有相应的物质财富如不动产之类做抵押，这种抵押品就叫做“质”。这种抵押的办法在政治交易中也派上了用场。早在春秋时，某些诸侯国之间，根据政治斗争的需要，签订了相关的盟约。为防止毁约弃盟，加盟的双方互派自己的儿子或直系亲属到对方去做抵押品，或者弱小的一方送亲人到对方去做抵押品，这些被送去的王子、世子（帝王和诸侯正妻所生的长子）就叫做“质子”。谁背信弃义，毁盟叛约，谁家的质子就会受到惩罚，甚至遭受杀身之祸。王子、世子是封建王位的合法继承人，是王、君的直系亲属，所以签约双方谁也不愿意冒毁约之险。

国与国之间以质子做抵押的事最早见诸史书的大概要算《左传·隐公三年》（前720）记载的“周郑交质”了。周是天子，郑是周王分封的一个诸侯，在名分上有君臣之别。郑庄公的祖父郑伯友在戎族侵犯镐京时死于王事，庄公的父亲郑武公掘突又因拥立平王有功，因而被周平王（前770—前720）封为卿士（执政大臣）。武公死，他的儿子郑庄公（前743—前700）寤生即位，仍然继承他父亲为卿士，辅弼周政。时间久了，周郑之间有了矛盾，周平王看中了虢（guó）公忌父，想把政权分给他管。郑庄公知道后，埋怨平王，平王又不承认，再三向庄公解释，也不能释疑，于是只好交换儿子做抵押了。周平王的儿子狐为质于郑，郑庄公的儿子忽为质于周。当时的人评论，天子与诸侯交质，君臣之分从此尽废了。左丘明借君子之口说：“信不由中，质无益也。”果然，平王去世之后，太子狐回周嗣位，他痛伤父亲的死，未能亲自侍疾含殓，哀痛过甚，到周而薨。太子狐的儿子王子林继位，是为桓王（前719—前696）。周桓王想到父亲为质于郑身死，心中不快，对郑庄公又产生疑惧，终于取消了郑庄公的卿士资格。按说是周王一方毁了盟约，但这时为质于郑的周王子狐已经死去，郑国无法对质子进行惩罚。这年四月，郑国派兵到周境内强行割了温、成周一带待收的粮食，制造事端，周、郑终于交恶。其实，作为诸侯国的郑伯，公然与天子交质，平起平坐，这本身就是蔑视周王权的表现。周朝自平王东迁后，王室衰弱，名为天子，实际上没有多少发号施令的权力，所以只能屈辱地与郑交质了。

这里再举一个被迫单方面送出质子的事例。《左传·僖公十五年》（前645），秦国伐晋，惩罚晋惠公（夷吾）的背信弃义。晋惠公原是在秦国的帮助下回晋当上国君的，但他一当上君王，就背弃了此前对秦国的一切承诺，还肆意与秦为敌，韩原一战，自己偏偏又被秦军抓获。秦国君臣为此展开了一场讨论，有的主张将他杀掉，大夫公孙枝（子桑）另有考虑，他说：“归之而质其太子，必得大成。”揣摩其意，大概想通过“质其太子”的办法，使晋君不致过分怨秦而又世代依附于秦。最后，秦穆公采纳了公孙枝的意见，释放了晋惠公，晋国则交割了先前许诺的西河五城于秦，并送太子子圉到秦国为质，这是晋国被迫单方面送去质子的事例。子圉在秦，秦穆公将女儿辰嬴嫁给他做妻。过了六年，子圉得到父亲晋惠公重病的消息，加上秦人派兵灭了他的外公家梁国，很不自安，于是丢弃妻子逃回晋国，继承惠公当了晋国之君，是为怀公。这么一来，晋惠公、怀公父子两人都得罪了秦国，最后导致秦穆公护送公子重耳打回晋国，驱赶并最后杀掉了怀公子圉，让重耳当了晋国国君，是为晋文公。可见“为质”的办法并不能最终解决敌对双方的政治纠纷，出了问题质子还可能遭殃。

战国时，诸侯间的关系错综复杂，纵横家们鼓动如簧之舌到处游说，今天这个诸侯与那个诸侯结盟，明天另一个策士又竭力怂恿毁盟。王孙公子被迫为质的事已为常见。后来统一了中国的秦始皇嬴政的父亲异人，就曾经当过质子。史载公元前 279 年（秦昭王二十八年、赵惠文王二十年），秦昭王约赵王于渑池相会，名为联欢，实则借机向赵国提出很多要求进行要挟。赵王因有出色的外交家蔺相如出谋划策，与秦王交了个平手，最后约为兄弟。秦国为了使赵国放心，送异人为质于赵。异人是秦昭王的孙子，太子安国君的儿子。安国君有二十多个儿子，可都不是嫡子。异人的母亲夏姬，无宠，又早死，所以异人被送到赵国当了质子，而且得不到秦国的关顾，有很长时间没有联系，简直被遗忘了似的。后来在大商人投机家吕不韦的帮助下，才被秦国立为安国君的嫡子，并设计逃出赵国。

还有一个当过质子的名人是燕太子丹。《史记·刺客列传》载：“会燕太子丹质秦亡归燕。燕太子丹者，故尝质于赵，而秦王政生于赵，其少时与丹欢，及政立为秦王，而丹质于秦，秦王之遇燕太子丹不善，故丹怨而亡归。”原来燕太子丹曾经两度被派往他国充当质子。第一次为质于赵，在那里他与秦国送在赵国为质的异人的儿子嬴政相处得很好。第二次为质于秦，当年的朋友嬴政正是此时秦国的国王。两人的地位发生了根本性的转变。嬴政对燕丹一点也不念旧情，很不友善，太子丹终于逃回燕国，愤而派刺客入秦刺杀嬴政，最终燕太子丹被杀，燕国为秦所灭，再次证明“为质”只能暂时缓解一些矛盾，不能从根本上解决问题。

看了上面几个“为质”的典型事例，可知质子制度是一姓天下的产物，在一般情况下，双方交换质子对保证两国盟约的实施确能起一些作用。但政治风云瞬息万变，质子的命运没有多少保障。嫡子、王子大概谁也不愿担当这个角色。然而提出要求的国家却偏要对方派出这样的质子，只有这样的人充当质子才有抵押的价值，所以在选择质子时，双方往往要经过一番激烈的讨价还价。

懂得这些，就不难理解齐国何以指名要赵太后所宠爱的幼子长安君为质子。质子要受这么多的磨难，冒那么大的风险，作为母亲的赵威后，最初坚决拒绝也是情理中的事。触龙则不同，他是站在政治高度来考虑这一问题的。在封建制度代替奴隶制初期的战国时代，一部分统治阶级的成员及其子孙没落了，失去了原有的贵族世袭地位，只有为本阶级建立功劳，“有功于国”，才有可能继续保持贵族的特权。充当质子虽然处境艰险，然而却也正是为国立功的良机。长安君去担当质子，齐国就同意出兵救赵，赵国得以保存，自然是长安君的一份功劳了。触龙的主张与赵太后的利益是根本一致的。原先，赵太后暂时为母子情所蒙蔽，经过触龙的点拨，思想豁然开朗，立即表示同意。触龙固然是一位善于进谏者，而赵太后也不是一个昏愦的母亲，在洞察国家利益与自身利益一致的基础上，表现了一个精明的政治家的风度。

战国时，国君、卿相为何争相养士

公子为人，仁而下士，士无贤不肖，皆谦而礼交之，不敢以其富贵骄士。

——《史记·魏公子列传》

中语教材：《信陵君窃符救赵》

文史知识：士阶层的产生、发展及其在历史上所起的作用

我国历史上的战国时代，各诸侯国的国君、卿相曾经争相养士，一时蔚为成风。据史载，当时的齐威王、魏惠王、燕昭王都是好士的国君。著名的四公子，即齐国的孟尝君（田文）、魏国的信陵君（无忌）、楚国的春申君（黄歇）、赵国的平原君（赵胜），更是“争相倾以待士”，把养士之风推向了高潮。孟尝君田文的食客有数千人，平原君“喜宾客，宾客盖至者数千人”，魏公子信陵君“致食客三千人”，春申君黄歇也有食客三千人。一个诸侯国的卿相要包揽这么一大批人的衣食住行，即使在今天的条件下都不易对付，更何况是距今两千多年前生产力水平不高的古代，真不知加重了当时劳动人民的多少负担！

那么，士是一些怎样的人呢？战国时的卿相为什么要养这么一大群士呢？

士阶层的成员构成比较繁杂。最初的士是原始社会末期军事酋长手下的亲兵、武士等一类人。在分封制建立前的周族中，他们是为周族族长以及其上层贵族服务（主要是打仗）的。在周王分封诸侯的过程中，这些亲兵、武士被分配给了各级诸侯。后来，诸侯分封自己的子弟或亲属为卿、大夫时，又把他们分配给了卿、大夫。这样，武士们就被置于整个贵族阶级的最底层。到了春秋时代，诸侯、卿、大夫的力量先后发展起来了，他们单靠先前分封来的有限武士已不能满足自己统治的需要，于是便在自己的家族成员中选拔一批人当武士。武士的成员增加了，他们都占有一小块土地，并役使一部分非自由人和奴隶替自己耕种。士的职责主要是从事军役。学者顾颉刚总括说："吾国古代之士，皆武士也。士为低级之贵族，居于国中（即都城中），有统驭平民之权利，亦有执干戈以卫社稷之义务，故谓之'国士'以示其地位之高。"（顾颉刚《史林杂识·武士及文士之蜕化》）但到了春秋中后期，旧的宗法统治秩序逐步瓦解，士的身份和地位也发生了很大的变化。处于贵族最低层的士的势力迅速崛起，其中一些地位较高的士当上了卿、大夫的家宰、邑宰（帮助贵族管理政事的官）。随着时间的推移，他们的权势也越来越大，实际上掌握了卿、大夫的军事、政治、经济大权，也即掌握了诸侯国的大权，这就是所谓的"陪臣执国命"，从根本上动摇了天子、诸侯、卿、大夫、士的宝塔式的统治从属关系。士和他们的主人卿、大夫及原有的宗法关系松懈了，一些士开始脱离自己的主人投奔到另一个自己看中的贵族处服务。与此同时，士本身也在不断分化中。孔子和他的学生都是士，但他们已不是分到小块禄田，有“隶子弟”可供役使的，从事军职的宗法性武士了，而是具有一定文化知识，身份比较自由，从事政治或学术活动的新兴士大夫集团中的士，也即古代的知识分子。如冉有为季氏宰；子路仕卫，为卫大夫孔悝邑宰；子贡曾任鲁、卫等国的相。他们当中有从旧贵族下降而来的，有从社会下层上升而来的。

以上说的大致是从周初到春秋末期士的产生发展和变化过程。而到了战国时代，士阶层又发生了很大的变化，一方面是士的数量大大增加了，另一方面是加入了一大批平民知识分子。战国时代的书籍还不能像今天这样普及，能够受到文化教育的人不多。由于没有任何考试制度或推荐的法规，一般平民即使有了知识要找出路也很困难，于是他们就投奔到卿相权贵人家做门客，希望依靠权贵的提携让自己脱颖而出。还有一类人，如任侠、奸人、打手、刺客、鸡鸣、狗盗、赌徒之流，既没有什么文化知识，也没有什么社会地位，却握有一技之长，可以为统治阶级火中取栗，所以也被卿相接纳为食客，在习惯上同样称之为士。

士的成员虽然如此繁杂，但正如苏轼在《养士论》一文中所分析的，士的构成不外智、辩、勇、力四种类型，我们再概而括之，实只有两种，即一种用头脑的士，一种用武力的士。

先说用头脑的士，姑且称之为“文士”。以张仪为例，“张仪已学而游说诸侯，尝从楚相饮，已而楚相亡璧，门下意张仪，曰：‘仪贫无行，必此盗相君之璧！’共执张仪，掠笞数百。不服，醳（通“释”）之。其妻曰：‘嘻！子毋读书游说，安得此辱乎？’张仪谓其妻曰：‘视吾舌尚存不？’其妻笑曰：‘舌在也。’仪曰：‘足矣！’”（见《史记·张仪列传》）只要舌头还

在，就能用自己的主张去游说人君，张仪是运用头脑的士的典型。可不能小看这类士，他们为了向诸侯卿相兜售自己的政治观点，达到飞黄腾达的目的，在学问上都是下过一番苦功的。例如《战国策·秦策》记载苏秦苦读的情形说："乃夜发书，陈箧数十，得《太公阴符》之谋，伏而诵之，简练以为揣摩，读书欲睡，引锥自刺其股，血流至足，曰：'安有说人主不能出其金玉锦绣，取卿相之尊乎？'期年，揣摩成，曰：'此真可以说当世之君矣。'"凭着类似锥刺股般的个人奋斗精神，这些士创立了形形色色的社会政治理论。墨家的"兼爱尚贤"之说，道家的"无为而治"思想，法家的法治思想，无不与当时的士有关。各家各派的士，各持一说的门人、食客，在创立发展地主阶级政治理论方面有着不可埋没的功劳。他们还编著了丰富多彩的军事著作，当时较著名的《孙武子兵法》《卫鞅兵法》《吴起兵法》等无不出自士（客）之手。这些著作阐述的军事理论和揭示的战争一般规律，至今仍对战争有着重要的指导意义。尤其是当他们为某个国君重臣所赏识、为卿相所利用时，这些士的主张往往关系到国家的命运和前途，他们的活动能力是相当有成效的。

再说用武力的士，姑且称之为"武士"。这部分人没有多少学识，在理论上也谈不上什么建树，但他们讲信义，重然诺，崇尚一种称为"义"的原则。"义"这个概念很抽象，过去有人把它归纳为忠、敬、勇、死四个字。忠是一种对上之诚；敬是在确立自身人格尊严的基础上，也公允地接受他人的人格尊严；勇是实现目标的力量；死是一种表现勇的形式。为了捍卫这种"义"，士们像西方骑士一般捍卫他们所崇尚的荣誉。17 世纪西欧的骑士在自己的荣誉遭到外来的伤害时，就用决斗的形式加以解决。战国时的士、门客在其社会活动中，如果发现对方的行为不符合“义”的原则，或者自身的尊严受到侵凌，或者为了去执行某种“义”的使命，就会拼着性命与对方决一死战，不是鱼死就是网破，牺牲性命也在所不惜。而在对待自身时，又有点像日本武士道精神，如果士本身出了什么差错，有玷于“义”的光彩，就会毫不犹豫地采取自裁的手段以自明。可惜他们对于“义”的理解并不能按照社会发展的规律、历史前进的需要来判定，往往带有浓厚的个人感情色彩。譬如关于报答知遇之恩的问题，这属于对上之诚的范畴。以豫让刺杀赵襄子一事为例，战国时晋国的豫让曾做过范氏和中行氏的家臣，无所知名，“去而事智伯”。赵襄子与韩、魏共灭智伯，豫让漆身毁容变形，誓杀赵襄子为智伯报仇，终于以身殉主。豫让的行为何以前后如此不一致呢?《史记·刺客列传》记豫让说的话：“臣事范、中行氏，范、中行氏皆众人遇我，我故众人报之。至于智伯，国士遇我，我故国士报之。”这是“士为知己者死”的最生动的注释。至于被报答者的事业、行为是否正确就考虑得很少了。(参看《史记·刺客列传》《资治通鉴·周纪》等篇）由于这些士们如此看重知遇之恩，所以很容易被野心家们所收买、利用。

通过以上叙述，我们对士阶层的情况有了一个大致的了解，也就不难懂得战国时的国君卿相何以争相养士了。战国时的社会矛盾不断扩大，国与国之间、贵族与贵族之间的冲突日益尖锐化。各国国君、卿相和权势人物，为了保存、巩固并发展自己的势力，争相养士以自重。不少有才能的士被国君、卿相招纳到门下作客（大致相当于现代幕僚参谋一类)。谁养的士多，谁的名声就大，势力也大，地位就越加巩固。这就是战国时国君卿相争相养士的根本原因。他们中的许多人确实通过养士达到了拥士自大的目的。《冯谖客孟尝君》《毛遂自荐》都是士帮助其主子战胜对手的出色故事。当然，也不乏依靠主子的权势去干些伤天害理、残害人民的士。秦始皇统一中国后，焚书坑儒，不再存在养士的社会基础了，士于是走向了民间，他们大多参加了秦末的农民起义活动。到了汉朝，汉武帝采用推举贤良方正为孝廉的方法，解决了这些人的出路问题。隋唐开创了以文章取士的考试办法，为士们从政开辟了一条长期的途径。

宴会的座次安排透露了哪些信息

项王即日因留沛公与饮。项王、项伯东向坐；亚父南向坐，——亚父者，范增也；沛公北向坐；张良西向侍。

——《史记·项羽本纪》

中语教材：《鸿门宴》

文史知识：古代的席及席次的排定

秦二世三年（前207），农民起义军名义上的领袖楚怀王命宋义、项羽北上救赵，命刘邦西向攻秦，并约定“先入关者王之”。于是他们分道出击，途中项羽杀死拥兵不前的宋义，自任统帅，于钜鹿与秦军主力进行了一场大决战，毁灭性地打败了秦军。但就在此时，刘邦（沛公）已先进入函谷关，驻军霸上。不久，项羽也破关入咸阳，驻军新丰鸿门。有人向他密告，“沛公欲王关中”。自以为功劳最大，“王关中”者非己莫属的项羽不禁勃然大怒，立即命令做好向刘邦发动攻击的准备。当时，刘邦军仅十万，项羽军则有四十万，众寡悬殊，实力相距甚远。无奈之下，刘邦冒险到新丰鸿门亲自向项羽“谢罪”，项羽因设宴款待刘邦。这就是历史上著名的鸿门宴。刘邦虽然以谢罪的方式为自己进行辩解，但也无法消除业已产生的矛盾。项羽的部属多想趁此机会杀掉刘邦，以绝后患。项羽虽未采取主动措施去杀刘邦，却也未加制止，所以，宴会自始至终笼罩在刀光剑影之下，气氛异常紧张。司马迁对宴会的全过程作了较详细的记叙与描述，刘、项双方斗智斗勇的许多情节，生动地表现了各个与会人物的性格特征，楚、汉相争的前景也可露出了端倪。这里先谈宴会座次的排定。原文说：“项王即日因留沛公与饮。项王、项伯东向坐；亚父南向坐——亚父者，范增也；沛公北向坐；张良西向侍。”依照这一记载，他们的座次有如下图：

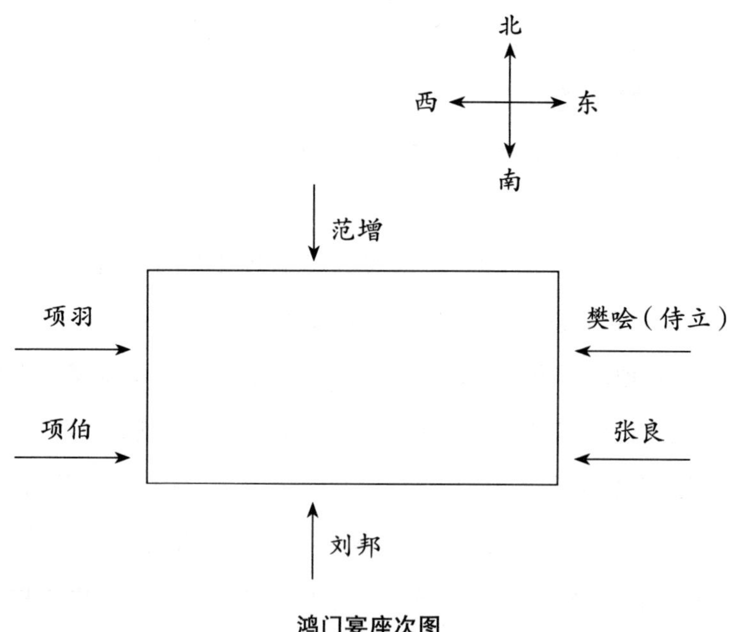

鸿门宴座次图

但仅凭这张座次图，一时还难以明白其中的奥妙，只有了解了古代席次排定的规矩，方可弄个究竟。

远古时候，人们使用的器物中还没有桌椅一类的坐具，无论帝王平民都坐在地上，后来有了席子，便铺席于地以为座，所以说“席地而坐”。睡觉时也可躺在席子上面，故又有“寝不安席”的说法。

席子的材料一般是禾稈和蒲草。用禾稈编织的叫“荐”，即草垫；用蒲草编织的叫席，这种席子现在还在广泛地使用着，不过做坐垫的用得少，基本上放置在睡觉的床上。在实践中，人们发现竹子也是编席的好材料，据《世说新语》记载，王恭从会稽做官回来，王大去看望他，见他坐在六尺长的竹席上，非常羡慕，就向王恭讨取了这张席子，而王恭自己再没有第二张了，只得又坐在草席上。竹子生长在南方，对王恭、王大这些北地人来说，竹制品当然是很珍贵的东西了。《初学记》引沈怀远《南越志》载，博罗县东沧州生长的一种叫簟（diàn）竹的竹子，竹“既大，薄且空中，节长一丈，其长如松”，用这种竹子编织出来的席子尤为精致美观，所以古人又称竹席为“簟”。

由于生产水平低下，物质条件匮乏，最初，席子虽然出现了，但贫苦人家、下层士卒都用不起席子。《史记·孙子吴起列传》，“起之为将，与士卒最下者同衣食，卧不设席，行不骑乘，亲裹赢粮，与士卒分劳苦”。可见士卒最下者行军打仗就睡在地上，根本没有席子。吴起与士卒同艰共苦，其行动之一就是“卧不设席”。随着社会的发展，文明程度提高，席地而坐时垫席、卧床上铺席的人越来越多，席子的需要量逐渐增多，到战国中期，就已经有人专门从事编席的职业，《孟子·滕文公》说，农家许行“其徒数十人，皆衣褐，捆履，织席以为食”。将编席作为谋生的手段，自然是专业的席匠了。

席子的摆法与座次的排定也要遵循一定的规矩。席子的摆法与房屋的室、堂密切相联。古代的房屋通常是坐北朝南，入门后首先是堂。堂是正厅，不住人，吉凶大礼在此举行。官府的堂是治事的处所。堂后用墙隔开，后部中央叫室，室的东西两侧叫房。席子放在堂、室中要端端正正，与堂室的边壁平行。孔子设席就很讲究端正，稍有不正辄不肯就座（《论语·乡党》“席不正，不坐”）。据说，从坐席都不苟且这一点上，就可以看出孔子品行的端正。席位座次的排定要体现出尊卑长幼的区别。殿堂之上最尊贵的位置是坐北朝南。帝王召见群臣议事，照例自己坐在背靠北、面朝南的尊位上，因此，有了“南面称王”“南面称孤”的说法。旧时的官吏在公堂处理公务也是坐北朝南。但在室内的座次却是另一种排法。室内西南隅（角落）曰奥，奥在四隅中位置最尊，所以室内的四座，以坐西向东的位置最尊。古人接待客人，主东而宾西，就是表示对客人的尊敬。出于同样的道理，私塾延师和官府幕职都被安排坐西向东，称为“西席”。其次是坐北向南，再次是坐南向北，坐东向西的位置最卑。

坐席区分尊卑的另一种形式是坐席层次的多寡。席子的层数越多，大概就越能隔绝地上的潮湿，因而要干净些、卫生些，所以给位尊的人坐多重席，以示优待。其办法是在大席子上再铺一张小席，叫做“重席”。地位越高，席的层次相应越多些。《礼记·礼器》：“天子之席五重，诸侯之席三重，大夫再重。”《左传·襄公二十三年》：“季氏饮大夫酒，臧纥为客，既献，臧孙命北面重席，新尊絜之，召悼子，降，逆之，大夫皆起。”这是写鲁国季武子没有嫡子，在庶子中选择悼子为后嗣，请臧纥主持立嗣典礼。向宾客们献酒后，臧纥命令北面铺上两层席子，换上新酒杯并洗干净，于是召出悼子。臧纥走下台阶迎接他，大夫们也都站起来。这里为悼子设重席，就是为他设特别的座位，突出他的重要。

关系不好的两个人是不愿意坐在同一张席子上的。三国时的管宁，少时与华歆同席读书。有人坐着漂亮的车子从门外路过，华歆辍读往外观看，管宁瞧不起华歆这种向往名利的举动，竟与他割席分坐，断绝朋友关系。

项羽设宴款待前来“谢罪”的刘邦，宴会的座次该如何安排才恰当呢？这一切就看主人项羽一方的态度了。当时，秦国刚被推翻，还没有一位各路义军共同承认的领导。项羽号称诸侯上将军，尽管他自认为了不起，但也尚未公开称王称帝；刘邦是另一路诸侯军的统帅。从法理上讲，双方应是诸侯军统帅间的平等关系，既然设宴招待刘邦，就应该将刘邦当作客人来看待。军帐就相当于室堂，所以座次的安排是按室内接待客人的方式敲定的。然而，项羽却没有完全按照这一规矩行事。刘邦是客人，理应请他“东向坐”，以尽主人之谊，可是项羽却与叔父项伯昂然“东向坐”，态度相当骄横。范增是谋士，号称亚父，因此“南向坐”。司马迁对亚父这一称呼特别加以注释，意在强调范增的地位不同于一般谋士，所以项羽安排他坐了仅次于自己的位置。刘邦被安排在第三的位置上，“北向坐”，说明项羽根本没有把他放在眼里，其地位还不如自己手下的一个谋士。张良的地位更低，只能“西向侍”，用一个“侍”字强调他在尊者旁边作陪。后来樊哙闯入宴会军帐，因为他是个“参乘”，连个座位也不给安排，只能随张良在最卑的位置站着“西向立”，赏给他酒也只能站着喝。项伯的情况则很特殊，他是项羽的叔父，在家族中处于长者的地位，但在军中却是侄儿项羽的下属，不能按家礼让他单独坐到最尊贵的位置上，所以来个权变，与项羽同坐西面。司马迁如此详细地叙述鸿门宴座次的安排情况，让人看出项羽的狂妄和短见，只图眼前的风光，缺乏政治斗争的智慧。刘邦则与项羽相反，在处境艰难的时刻，能够忍辱负重、委曲求全，明知项羽故意怠慢、蔑视自己，把自己安排第三的位置上，却处之“泰然”，情感不行于色，掩盖自己的鸿鹄之志，麻痹了政治上迟钝的项羽，终于化险为夷，摆脱了项羽为他设下的陷阱。楚汉之争，最后以刘邦集团获胜为结局，这与两个集团领导者的智勇谋略有着密切的关系，即便从鸿门宴座次的安排及其表现上，也透露出了刘、项两个集团孰高孰低的信息。

项羽为何“按剑而跽”

哙遂入，披帷西向立，瞋目视项王。头发上指，目眦尽裂。项目按剑而跽曰：“客何为者？”

——《史记·项羽本纪》

中语教材：《鸿门宴》

文史知识：古人的坐与跪

鸿门宴是政治斗争之宴，项羽方面参加的有三人，即项羽本人、谋士范增及叔父项伯。刘邦一方是刘邦和谋士张良赴宴。他们二人都不是披坚执锐的战将，若论使枪弄刀，根本就不是项羽的对手，更何况宴会设在项羽驻有 40 万大军的军帐里，真要动起武来，刘邦及其随从人员即使插上翅膀恐怕也难以逃脱。宴会中，范增儿次示意项羽，要他下决心杀掉刘邦，可项羽犹疑不定，既不表支持，也未加反对，只是默不作声。于是范增打发项庄以祝寿为名，舞剑助兴，叮嘱他乘机将刘邦击杀在座位上。项庄如范增言，拔剑起舞，每每挨近刘邦，却被私下里与刘邦有了勾结的项伯所挡住。虽然如此，情况仍然非常严峻，只要项羽一点头，刘邦便必死无疑了。在此千钧一发之际，张良急忙到军门外去召樊哙来帮忙。樊哙是司马迁着力描绘的一个人物，请看作者是怎样记述樊哙的出场吧。樊哙看到前来召他的张良，忙问："今日之事何如?"张良说："甚急！今者项庄拔剑舞，其意常在沛公也。"樊哙说："此迫矣！臣请入，与之同命。"樊哙"即带剑拥盾入军门，交戟之卫士欲止不内。樊哙侧其盾以撞，卫士仆地，哙遂入，披帷西向立，瞋目视项王。头发上指，目眦尽裂……"樊哙就是这样击倒卫士闯进军帐的。他的头发上指，眼眶都炸裂了，一副义愤填膺、杀气腾腾要跟项羽他们拼命的模样。面对樊哙的挑战，项羽有何反应呢？文章写道："项王按剑而跽曰：'客何为者?'"

什么叫"跽"？这得从古人席地而坐的生活习惯说起，前面的文章说过，汉代以前没有桌椅等坐具，从王侯到百姓都是席地而坐，席地又怎么个坐法呢?《礼记》说："坐皆训跪。"意为坐即是跪，跪即是坐，如图中商代青铜跪人俑。但严格地说，坐与跪还是有区别的。古人坐时，两膝着地（如有席子铺垫就当然是

商代青铜跪人佣

两膝着席），两脚的脚背朝下，屁股落在脚后跟上，腰身可以微曲，向前稍倾，以减少疲劳。跪，又叫长跪，是在坐的基础上耸身挺腰，即挺直腰身，股不着跟，以示庄重。《史记·留侯世家》：“良业为取履，因长跪履之。”说张良替黄石老人拾取鞋子，并恭恭敬敬地给他穿好。这是以长跪的形式表现出来的，否则就是“威仪不肃”。因此长跪可以说是坐，但坐不能叫跪。长跪又叫做“跽”，它是一个由坐到到站立的过渡动作，因为从席地而坐到站立的过程中，如果不挺直身子，抬起臀部（即屁股离开脚后跟），先提起一只脚（按生理习惯，一般是先提右脚），再提另一只脚，那是站立不起来的。当然，也有人在席地而坐时，用全身力气使劲猛然向上跳跃的方法站起来。但那是需要爆发力的，很是费劲。而且这种突然的动作，让同席的人不知发生了什么，是绝对不可行的。只有用跽这种办法由席地而坐过渡到站立才迅速而自然。

秦代坐俑

古人还有一种坐法叫“箕踞”。箕踞的姿势是两腿伸直坐在地上，上身与腿成直角，两手据膝，形似簸箕。与人一块坐而箕踞，那是对对方极不礼貌的行为。《史记·田叔列传》：“赵王张敖自持案，进食，礼恭甚，高祖箕踞骂之。”刘邦怀疑女婿张敖对自己有二心，所以特意箕踞对之。《汉书·陆贾传》：“尉佗魋结箕踞见贾。”后文又说：“于是佗乃蹶然起坐，谢贾曰：‘居蛮夷中久，殊失礼义。’”尉佗因为在文化落后的少数民族地区待久了，忘了华夏的规矩，不自觉地箕踞见汉朝派来的使者陆贾，但立即省悟到自己违犯了礼节，所以赶紧赔礼道歉。有的人箕踞却是有意识地表现自己傲物凌人，蔑视礼法。《庄子·至乐》："庄子妻死，惠子吊之，庄子则方箕踞鼓盆而歌。"表现出庄子轻视功名利禄、荣华富贵，要求适己任性、顺乎自然的思想。还有一种特殊情况，箕踞者并非有意对朋友傲慢或不敬，而是以此表现出一种不拘小节的名士风度，甚至使关系显得更融洽，《世说新语·任诞》："卫君长为温公长史，温公甚善之。每率尔提酒脯就卫，箕踞相对弥日。卫往温许亦尔。"这一对上下级相互尊敬、相互爱慕，已经到了蔑视繁文缛节的程度，箕踞又何妨呢？真所谓"礼教岂为我辈而设哉"！

了解了席地而坐的跪、长跪、箕踞和由跪到起立的过渡动作"跽"，再来看鸿门宴上项羽的"按剑而跽"。当张良出去召樊哙时，仍在宴饮的项羽、范增、刘邦等人，自然是继续席地而坐，一边饮酒，一边"观赏"项庄舞剑。正在此时，樊哙来了。突然间不明不白地闯进这么一个来势凶猛的武士，项羽不免大吃一惊，作为一个带兵的将领，以斩杀敌手为己任的他，便下意识地"按剑而跽"，即一手握住挂在腰间的利剑，一边做起立的过渡动作，准备对付这位不速之客，并厉声喝问："客何为者？"可以看出，项羽的警惕性还是比较高的，斗志也很旺盛，假如樊哙稍有不轨，这个"身长八尺有余，力能扛鼎"的"万夫雄"，就会毫不迟疑地挥剑扑将过去，把对手砍成肉酱。樊哙当然看到了项羽按剑而跽的动作，他没有莽撞行事，而是发表一通表面上批评项羽，实则替刘邦求情而又暗寓尊崇项羽的言论，说什么"劳苦而功高如此，未有封侯之赏，而听细说，欲诛有功之人，此亡秦之续耳，窃为大王不取也"。对樊哙的这段话我们为什么会如此理解呢？要知道秦国已被推翻，如果真要给义军头头们封侯的话，有资格主管其事者只能是各路义军的共同领袖了。项羽在推翻暴秦的战事中功劳最大，他自己也认为领袖的位置非己莫属，之所以下令“旦日飨士卒，为击破沛公军”，也正是为了防止刘邦抢夺这个位置。可是，现实是各路义军并没有通过什么手续共推项羽为各路义军的共主。现在，樊哙表面上批评项羽没有给刘邦“封侯之赏”，但其潜台词却是：我刘邦早已将你看作义军的共主，只等你给我们奖赏了。把项羽捧得很高，而将刘邦摆在项羽下属的位置上。樊哙这段说辞的技巧实在是非常高明，用通俗的话说，就是拍马屁、摸罗拐不现形，正符合项羽的心意，满足了他“沽名钓誉”的虚荣心，因而对樊哙的言辞信以为真。接着，项羽从张良口里知道樊哙是沛公的参乘，便立即称之为“壮士”，赐之卮酒，原有的一点警惕性已全部解除了。这说明他斗勇是可以的，斗智就不行了。其后的事实是，刘邦从鸿门宴上逃脱了，又其后，在楚汉相争中，项羽以彻底覆亡而告终。

项羽“按剑而跽”的举动，说明他确实是一位无所畏惧、敢于拼杀的勇士，但也仅只是一介勇夫而已。孟子说过：“夫抚剑疾视曰：‘彼恶敢挡我哉！’此匹夫之勇，敌一人者也。”“文王一怒而安天下之民”（《孟子·梁惠王章句下》），那才是真正的勇敢，叫做大勇。当时暴秦刚被打垮，各路义军及诸侯复辟势力拥兵割据，相互混战，天下继续动荡不安，只有消灭这些势力，给百姓创造安居乐业的生活环境，社会才可稳定发展。项羽基本很少考虑这样的大局，只热衷于一城一池的得失，一人一时的胜负，杀杀打打，以为这就是英雄行为，殊不知这乃是匹夫之勇，他的这种表现直到自己的末日也不曾改变。垓下之战是项羽

被刘邦消灭的最后一战，当他带领着百余骑冲出重围，只剩下二十八骑时，仍然大肆夸耀自己的个人之勇。他对骑士们说："吾起兵至今八岁矣，身七十余战，所当者破，所击者服，未尝败北，遂霸有天下。然今卒困于此，此天之亡我，非战之罪也。"说完这些，就驰马冲入汉军中，杀数十人，斩一将，再与其骑在约定的地方会合，以证明自己勇敢善战。项羽不清楚推翻暴秦的目的，不了解历史发展的趋势，不关心百姓的疾苦，只知道凭个人勇力，横冲直撞、东拼西搏，最终身死名裂，为天下笑，这就是匹夫之勇的悲剧。

一口卮怎样为表现樊哙性格增光添彩的

项王曰："壮士！——赐之卮酒。"则与斗卮酒。哙拜谢，起，立而饮之。

——《史记·项羽本纪》

中语教材：《鸿门宴》

文史知识：古代的酒具：卮

鸿门宴上，樊哙闯帐是扭转宴会紧张气氛的重要一环。正当项羽他们饮酒赏舞时，樊哙突然冲入军帐，怒气冲冲，来势凶猛，项羽心中不免为之一震，甚至有点胆怯。仓促间忙问樊哙是什么人，称赞他为"壮士"，赐给他酒喝，与他对话。这么一来，行将爆炸的局面得到了缓解，为刘邦用计脱险赢得了时间。挽救了刘邦，也就决定了中国历史一个时期的走向。樊哙在这件事上所起的作用，实在是功不可没。

那么，区区一个参乘樊哙，究竟凭什么本领将力能扛鼎、勇冠三军，在巨鹿之战中彻底打败强大的秦军，让诸侯军的将领们入其辕门时，"无不膝行而前，莫敢仰视"的上将军项羽受到震慑，从而缓解了宴会上的紧张气氛，挽救了刘邦的性命呢？主要的原因，我认为是樊哙具有一种舍生忘死、义无反顾，敢与强敌拼杀的大无畏气概。《史记》是一部历史著作，不容许存在任何虚构的事实，但这并不意味着它照相式的拍摄生活。每个历史学家都有自己的立场观点，他必然会通过对材料的取舍、细节的处理来表达自己对事件的态度，对人物的爱憎感情。为了突出樊哙上述这种敢于拼杀、敢于争斗的气概，司马迁不惜浓墨重彩，加以描绘。他写樊哙义愤填膺誓与刘邦同生死的决心；写樊哙闯帐时一往无前无人敢于阻拦的勇猛；写樊哙入帐后，“瞋目视项王，头发上指，目眦尽裂”，准备决斗的威武；写樊哙大杯喝酒、生吃猪腿举止的豪犷；写樊哙语含讥讽地回答项羽的问话。凡此，无不一一体现樊哙舍生忘死、义无反顾，敢与强敌拼杀的大无畏气概，真是用墨如泼，读者看了，尽受感染。但文中写到的一件小小器皿，由于时代的距离，现代人对它不太熟悉，就很容易忽略它对表现樊哙这种气概所起的作用。我说的是项羽赐给樊哙一“斗”卮酒的那口“卮”。

卮是周秦汉晋时代广泛使用的一种喝汤饮酒的器具，圆筒形，有的装有环状的把耳（古称鋬，即器物上的提梁，鋬读 pàn）和盖子，有的在底部添上三只足。大抵酷似今天饮水用的茶杯。

西汉朱雀衔环玉卮

卮的质料不一，有铜、银、玉、漆、石、陶等各种材质。这是由使用者的身份或拥有财富的状况来决定的。《史记·高祖本纪》载："未央宫成，高祖大朝诸侯群臣，置酒未央前殿，高祖奉玉卮，起为太上皇寿。"玉是质地精美、价格昂贵的制造器皿的材料，不是普通百姓家用得起的。皇帝举行国宴用玉卮做酒具，除了显示豪华外，更有表示身份高贵的意味。在古代，许多民间朴素的器具，一到统治阶级的手中就被大肆增华，不仅质地档次提高了，而且在它的表面描绘满了各种图案和纹饰，以衬托其使用者的高贵身份。"卮"也是如此，这从出土的战国时的玉卮可得到证明。今天，我们看到古时劳动者制造的这些工艺精湛的器具，也不能不为之赞叹。

这种卮一次能盛多少饮料呢？这正是与本文关系密切的一个问题。《辞源》注释说，卮的容量是四升。据考古学家测定，那时每升的容量相当于现在的200毫升左右。这么算来，一口卮可盛的饮料在800毫升以上。不过，在实际生活中，就像我们今天的茶具，有大型的老板杯，也有精巧别致的小口杯，故卮的容量不是一致的。考古工作业已挖掘出来的卮，其中口径最大的约15厘米，一般的多是10厘米，其容量相当于现代的大型口杯，可盛600到900毫升的饮料。一口卮盛的酒（请注意，鸿门宴上盛的是酒不是水！）有这么多，显然一般人是不可能一口气喝完的。《战国策·齐策》讲了个故事："楚有祠者，赐其舍人卮酒。舍人相谓曰：'数人饮之不足，一人饮之有余……'"祭祖的人赏给舍人卮酒，一个人喝还有剩余，说明现代考古人员测定的一口卮的容量为600毫升到900毫升，这个容量与古籍所记载的四升基本相符，都不是一般人一次能喝得完的。

鸿门宴上，项羽赐酒给樊哙喝，执事人员立即送来"斗卮酒"，这口卮有多大呢？有人认为这个"斗"字"系书写或印刷讹误多出的字”（参看北京大学中国文学教研组编写的《两汉文学史参考资料》），其实不然，此处的“斗”字实是“大”的意思。斗解作大，有我们词汇中“斗量”“斗胆”的“斗”字可作佐证，所以这是一口大卮。项羽既然赏赐樊哙喝酒，为了显示自己的气度、宽容，自然是一口大卮了。如果是一小卮酒，一般人都可以一口气喝完，项羽就不会为樊哙的豪饮感到惊讶而提出“壮士，能复饮乎”的赞叹和询问了。这“数人饮之不足，一人饮之有余”的一斗卮酒，相当于现在800毫升以上的酒，樊哙竟毫不犹豫地站着一仰脖子就喝了个精光，当项羽问他能否再饮时，他立即回答：“臣死且不避，卮酒安足辞！”这个以“斗卮”盛酒的豪饮场面和对话，充分表现了樊哙舍生忘死、义无反顾，敢与强敌拼杀的大无畏气概。

《史记》记载的是历史事实，司马迁既注意整个历史的真实，又注意人物活动时生活细节的真实。一只盛酒的“卮”也被他记载了下来，为表现樊哙的性格特征添光增彩，并使记载历史的文章有了浓郁的文学气息。

“俎”是什么器具

沛公曰：“今者出，未辞也，为之奈何？”樊哙曰：“大行不顾细谨，大礼不辞小让。如今人方为刀俎，我为鱼肉，何辞为？”

——《史记·项羽本纪》

中语教材：《鸿门宴》

文史知识：古代的一种礼器和宴饮时的器具：俎

俎（zǔ）是古代放置食物的一种器具。随着烹饪食物方法的改变，汉以后就逐渐不大使用它了，现代人则更加陌生。但在人们的言谈中，却保留着一些用“俎”字组成的用语，如“人为刀俎，我为鱼肉”“折冲樽俎”等。因此，了解一下俎就很有必要。

俎是古人祭祀时用以摆放牲体或宴饮时用以摆放熟肉的器具。它有一块长方形的板面，有的还在板面周围加上框围；四只足，或是平板状的宽足，或是方形的柱足，所以又叫做四脚小盘。从先秦到汉代，一般都用木材做成，比较讲究的俎则用漆

战国三角云雷纹俎

饰，绘上花纹图案，那就非常精美了。商周时期也有用青铜制作的。

古制，天子祭祀天地神灵与宗庙要用太牢做祭品，即牛、羊、猪三牲；诸侯祭祀天地神灵与宗庙要用少牢，即羊、猪二牲。不管太牢、少牢，要放得下一只熟羊甚至一头熟牛，那这种俎就不可能做得纤巧，应是与几、桌的大小相差无几了。用来宴饮时摆熟肉的俎就不同了。古人用鼎煮肉，是连骨带皮一整块一整块地煮，煮熟了，先用匕（形如勺）从鼎内把熟肉取出来，放在俎上，再用刀切割成小块。这样，席间是无论如何不能缺少俎这一器皿的，它的作用就相当于我们今天的砧板。可以想见，放在筵席上的俎绝不会太大，能够摆得下一大块肉就行了。

可以看出，当时的这种食肉方式必须是刀俎并用。有了刀，有了俎，任何牲体的肉食都可以立时被宰割成所想要的块状，所以人们便将刀俎比喻为交战时强大的进攻的一方，而将置于俎上的鱼肉比喻为任人宰割的弱小的一方。鸿门宴时，项羽方兵四十万，驻扎在新丰鸿门；刘邦方兵十万，驻扎在霸上，两军相距仅四十里。论实力，刘邦根本就不是项羽的对手。范增指挥项庄以舞剑助兴为名，伺机对刘邦下手，真是一发千钧、危急万状，所以张良、樊哙等策划让刘邦立即设法逃跑，可是刘邦却说：“今者出，未辞也，为之奈何?”认为没有向项羽告辞就偷偷溜走，于礼节上不合。刘邦的话当即遭到了樊哙的严厉批评，他愤愤地说：“大行不顾细谨，大礼不辞小让。如今人方为刀俎，我为鱼肉，何辞为?”樊哙的话，确有过人的见地，眼下的形势，项强刘弱，刘方处于任人宰割的地位，逃跑得越快越好，哪里还有时间去讲究礼仪等形式！

事实也证明樊哙的意见是对的。这里，我们还要赞赏的是樊哙说这番话的技巧。人们在说理论道时，总习惯于用自己熟悉的事物去比喻不熟悉的事物，用具体的事例去说明抽象的道理。有意思的是，樊哙原以屠狗为业，用刀用俎是他的拿手好戏，俗话说，三个屠夫讲猪，三句不离本行。他虽然当了刘邦的参乘，但本质上仍然是狗屠之流，是个草莽英雄，其生活习惯、语言风格不可能一下子文雅起来。要是换一位儒生谋士为这事劝说刘邦，就可能要讲许多道理，甚至引经据典，说明古代圣贤如何根据实际情况行事，有时作必要的权变，而不拘泥于古礼，可樊哙却不是这样，他在讲这番话时，没有引经据典，也没有作任何修饰，只是根据生活中的实际情况，他自己熟悉的事物，刀呀、俎呀、鱼呀、肉呀，用平凡得不能再平凡的语言，简要地把当时双方的处境说得一清二楚，体现了樊哙的个性特征，充满着生活气息，非樊哙讲不出这样的话来。

汉以后，礼仪、生活习俗都发生了很大的变化，肉类烹饪和食用方式已不再像先前那样将煮熟的连骨肉放在俎上后割肉剔骨，因此俎具被逐渐抛置一旁不用了，人们对它就渐感生疏，但以“俎”构成的词汇仍然活跃在我们的语言中。

范增说的“竖子”与今人口语的“小子”一样吗

亚父受玉斗，置之地，拔剑撞而破之，曰：“唉！竖子不足与谋！夺项王天下者必沛公也。吾属今为之虏矣！”

——《史记·项羽本纪》

中语教材：《鸿门宴》

文史知识：古代骂人的词：竖子

鸿门宴上，项羽没按范增的主意乘机杀掉刘邦，反倒被樊哙等人的说辞所蒙蔽，轻易地放走了刘邦，这是楚汉相争项羽方面的一次重大失误。作为项羽的主要谋士，范增深知错过了这一良机，定给项羽的事业造成无可弥补的损失。刘邦临走时，委托张良将白璧一双、玉斗一对分别献给项王与范增以表敬意。项羽收了白璧，高高兴兴地摆在座位上；范增则不然，接过玉斗丢在地下，拔出剑来猛力撞去，把它击得粉碎，一边愤愤地骂道：“唉！竖子不足与谋！夺项王天下者必沛公也。吾属今为之虏矣！”可以看出，范增对项羽没有接受他的意见非常不满。“竖子”一词表面上是骂项庄，实际是指桑骂槐，痛责项羽。范增被项羽尊为亚父，在年龄上他是项羽的长辈，且原又是项羽叔父项梁的僚属，所以在礼节上受到特别优待，可是从他们在军中的关系来看，范增却是项羽的部属，理当对项羽表现出应有的尊敬，然而此刻，他竟然不顾礼仪，怒不择言地责骂项羽为竖子。“竖子”这个称呼到底是什么意思，是从哪一个角度来这样指称项羽的？

现在，有不少《史记》的选本注解，将“竖子”简单地译作今人口语中的“小子”。“小子”在词性上属于中性，褒贬的意义都不很明朗，为了突显“小子”在具体语言环境中的意义，人们在它的前边加上些限制性的词语，如在责备一个人时，可以骂他：“你这浑小子!”在赞扬一个人时，则可以说：“好小子，真不赖!”因此，古人说的“竖子”虽然有点像今人口语中的“小子”，但还是有所区别的。“竖子”原为童仆之意。在旧时，童仆的地位比较低下，是被人使唤的角色，带有轻视的意味，不过有的地方这种轻视的意味不很严重罢了。如《庄子·山木》写庄子从山里出来，到了朋友家，“故人喜，命竖子杀雁而烹之”。又《左传·成公十年》，晋景公重病，派人到秦国请医师治疗。“秦伯使医缓（医者名）为之，未至，公梦疾为二竖子……”这两处的“竖子”都是一般的名称，没有特别瞧不起的味道，但也可以肯定，绝对不是尊敬或亲热的称呼。在更多的地方，“竖子”的贬义就明显多了。譬如燕太子丹物色荆轲担当刺杀秦王的杀手，荆轲已经承诺，只是由于准备工作还不够完善，迟迟没有出发。太子丹疑心他有反悔之意，便旁敲侧击，以示催促，荆轲听了非常生气，怒声呵斥太子丹说：“今日往而不反者，竖子也！今提一匕首入不测之强秦，仆所以留者，待吾客与俱，今太子迟之，请辞决矣！”荆轲解释自己尚未动身的原因是在等待一个能够帮助他完成这一使命的朋友。荆轲认为“往而不反者，竖子也”，如果不能顺利地完成使命返回来，就是没用的家伙，是孬种，以此表白自己是一个顶天立地的讲义行侠的大丈夫，而不是愚蠢无能的竖子。这就是荆轲这句话中“竖子”所包含的意思。

刘邦最喜欢骂人，有次乘张良不在身旁，儒生郦食其劝刘邦分封已被灭亡了的六国贵族的后裔为王，认为那样他们就会对汉王感恩戴德、诚心服从，从而达到孤立项羽的目的。刘邦同意了，命他刻制印章作为分封之用。张良回来后知道这个情况，严厉批评了郦食其的主张，指出海内游士从此各归故主，没有谁来帮助汉王夺取天下了，后果将不堪设想。刘邦顿时醒悟过来，“汉王辍食吐哺，骂曰：‘竖儒，几败尔公事！’”（《史记·留侯世家》）刘邦当即停止进餐，连吃进了口的饭食也吐出来，气急败坏地骂郦食其：“混账的东西，没用的书呆子，几乎败了你老子我的大事！”这里的“竖儒”与“竖子”大体相似，刘邦之所以没有称“竖子”，是因为郦食其是个儒生，而且年纪已经很老。然而“竖儒”的含义与荆轲口中所说的“竖子”的意思大致差不多。

看来带有“竖”字的称谓，一般都含有轻蔑的意思。如“阉竖”是太监的贱称。《新唐书·裴度传》：“时阉竖擅威，天子拥虚器，搢绅道丧，度不复有经济意。”“贾竖”是对奸商的蔑称。《史记·萧相国世家》：“今相国多受贾竖金而为民请吾苑。”“竖臣”是宫廷中小臣的别称。《后汉书·孔融传上疏》：

“（刘表）罪不容诛，至于国体，宜且讳之……每有一竖臣，辄云图之，若形之四方，非所以杜塞邪萌。”

刘邦出言粗俗，动不动就骂人“竖”什么的，那是因为他大权在握时无人敢于与他对抗。他大概不会料到，在贵为皇帝之后，后世还有人以“竖子”的称谓来责骂他。此人就是魏晋时期竹林七贤之一的阮籍。阮籍一向自视很高，原本也颇有政治抱负，曾在《咏怀诗》中表达自己对建功立业的渴望，由于没有条件，只得任流光白白逝去。有一次，他登上了有历史意义的广武（今河南荥阳县东北）城。汴水自三宝山、广武涧中东南绝流，东西广武城隔涧对峙。楚汉相争时，刘项曾在此对话，（刘邦在西广武历数项羽的“罪行”，项羽在东广武要求决一死战，汉王置之不理，与他斗智）面对古战场遗址，遥想当年两军恶斗的情景及其结局，阮籍禁不住百感交集，喟然叹曰：“时无英雄，遂使竖子成名！”历史事实是项羽失败了，成名的自然是刘邦。刘邦以一介平民参加秦末农民大起义，最终推翻暴秦，统一中国，登上帝位，应该说是建立了一番丰功伟绩的，阮籍称之为“竖子”，不管阮籍自大到什么程度，此处的“竖子”大概不可能与荆轲口中没用的家伙、孬种的“竖子”同一个意思吧。那么，阮籍称刘邦为“竖子”，具体是从哪一个角度来说的呢？我以为阮籍不是根据刘邦事业成就的大小，而是按照其人格品行的好坏而作出的判断。从人品来说，刘邦是一个游民、无赖、流氓，我这样说一点也不过分，有他自己的行为作证。

刘邦出身于无业游民，年轻时“不事家人生产作业”（《史记·高祖本纪》。本篇后面的引文，如未注明出处，则与此同），经常遭到他父亲的指责。又“好酒及色。常从王媪，武负贳酒，醉卧”。他为人很不诚实，善于撒谎。沛县令办酒席为一客人接风，萧何负责收纳礼金，“令诸大夫曰：‘进不满千钱，坐之堂下。’……（高祖）乃绐为谒曰‘贺万钱’，实不持一钱”。秦末农民大起义，沛县父老子弟共杀沛令响应义军，“萧曹等皆文吏，自爱，恐事不就，后秦种族其家，尽让刘季”。刘邦这样的游民，一无所有，不计后果，敢于冒险，所以被推举成了沛公。刘邦最恨儒生，看见儒生就把他们的帽子取下来往里边撒尿。他第一次接见儒生郦食其时，“据床，使两女子洗足”，粗俗、傲慢、无礼。为了保自己的命，他可以置亲人的性命于不顾。在战争中，有一次，他携带儿子和女儿坐在车上，项羽的军队紧追不舍。为了减轻载重，让车子逃得快些，几次将儿女推下车去。项羽将刘邦的父亲太公、妻子吕雉虏为人质，威胁要烹掉太公，“汉王曰：‘吾与项羽俱北面受命怀王，曰‘约为兄弟’，吾翁即若翁，必欲烹而翁，则幸分我一杯羹。’”（《史记·项羽本纪》）毫无亲情可言，是典型的流氓腔调。他又特别记恨，往往睚眦必报。微时，刘邦经常带朋友到家中吃饭，嫂子厌恶这些客人，“详为羹尽，栎釜，宾客以故去。已而视釜中尚有羹，高祖由此怨其嫂。及高祖为帝，封昆弟，而伯子独不得封。”（《史记·楚元王世家》）在其父太公的请求下，刘邦才给哥哥的儿子封了个羹颉侯。什么叫羹颉侯？唐司马贞为《史记》作的《索隐》给这个词注释说：“以其栎釜故也。”颉，是刮的意思。就因为没让他那批游手好闲的客人吃一餐饭的“过错”，他给侄儿封了这么个恶作剧的爵号，想让他大嫂的后人一代代蒙受这份屈辱。他的报复心理达到了何等程度，甚至连自己的父亲也没有放过。汉高帝九年，“未央宫成，高祖大朝诸侯群臣，置酒未央前殿。高祖奉玉卮，起为太上皇寿，曰：‘始大人常以臣无赖，不能治产业，不如仲力。今某之业所就孰与仲多?’殿上群臣皆呼万岁。大笑为乐”。公然将自己的父亲作为报复、嘲弄、取乐的对象。南朝宋裴骃为《史记》作的《集解》，在“无赖”一词下引晋灼的话说：“或曰江淮之间谓小儿多诈狡猾为‘无赖。’”按我们今天的话说，无赖就是游手好闲、品行不端的人，北方叫二流子，南方叫流氓。刘邦的所作所为无处不散发浓烈的流氓气息，古人包括刘邦的父亲早就给他定性（即“大人常以臣无赖”）了。

刘邦原本是个流氓，本文无意为刘邦作全面评价，只是就阮籍从什么角度称他为“竖子”作个分析而已。阮籍的意思是说，当时天下没有真正的英雄，结果让流氓小子成了英雄。流氓能成为英雄吗？中国古代就有“治世之奸雄、乱世之英雄”的说法，毛泽东也说过：“这一批人很能勇敢奋斗，但有破坏性，如引导得法，可以变成一种革命力量。”（《中国社会各阶级的分析》）就是说在特定的条件下，流氓也可以成为英雄的。显然此处阮籍口中的竖子刘邦，即是“游手好闲品行不端的小子”的意思，表现了阮籍对刘邦为人品格的鄙视，而不涉及对刘邦建功立业的成就的评价。

现在，我们再回到“竖子”所包含的具体内容上来。经过梳理，可知“竖子”不能与今人口中的“小子”完全等同，至少分为上述三种情况。范增斥责项羽为竖子的“竖子”应属于哪一种呢？我以为就是荆轲所说的“愚蠢无能的”那一种。不难看出，范增如此责骂项羽，既表现了他恨铁不成钢的气恼，也流露出他对项羽不再抱多少希望的信息，为后来遭到刘邦的离间计时，他迅即“辞老，愿赐骸骨归卒伍”埋下了伏笔。

侯嬴为何自杀

公子过谢侯生。侯生曰："臣宜从，老不能。请数公子行日，以至晋鄙军之日，北向自刭，以送公子。"

……

公子与侯生决，至军，侯生果北乡自刭。

——《史记·魏公子列传》

中语教材：《信陵君窃符救赵》

文史知识：战国时盛行的侠义之风

侯嬴是信陵君窃符救赵事件中的重要人物。窃符救赵的计策是他提出来的，用武力夺取晋鄙军权的执行人朱亥也是他推荐的。在信陵君业已获得兵符，朱亥答应执行夺军救赵计划的大好形势下，侯嬴因年老不能随军行动，临别时竟向信陵君表示："臣宜从，老不能。请数公子行日，以至晋鄙军之日，北向自刭，以送公子。"侯嬴宣布以自杀的行动为公子送行，且行如其言，果然自杀，实在使人感到意外。从事理上看，侯嬴已经为协助魏公子救赵尽了最大的努力，且功成在望，即使出了什么差错也与自己没有多少干系，于心无愧，为何反在这个节骨眼上自杀呢？更奇怪的是，魏公子无忌听了侯生的表白却不加阻拦，甚至连句劝慰的话也没说，就带着朱亥出发了，简直有点不近人情，今天的读者实在难以明白。要解开这个谜，我觉得除了从侯嬴这个人本身的品性禀赋中去找答案外，还应该从春秋战国时代的社会道德风尚中去寻根源。

春秋战国时，我国正处在奴隶制社会崩溃并逐步过渡到封建社会的阶段。统治者专横暴虐，普通百姓毫无权利，不公正的现象充斥其间，各种矛盾错综复杂，相互交织；另一方面，原始氏族和奴隶社会早期质朴平等的民风还保留着它的影响。哪里有压迫哪里就有反抗，正是在这种情况下，一批讲义行侠的人物便应时而生、脱颖而出了。他们奋起反抗社会的不公，想要凭个人的力量来伸张正义，抑制豪强，救人之急，解人之困。这是专制制度下被压迫人群能够得到解救的一大希望，自然会受到人民群众的欢迎与崇敬，所以这种讲义行侠的行为有着广泛的发展空间，到战国时更是蔚然成风。梁启超先生认为，这与战国时学术思想相对自由，墨家思想的广泛流传有一定的联系。（参看梁启超《中国古代学术思想变迁》一书）墨家是春秋战国时期与孔、老齐名的学派。墨家又分为三派，即所谓的兼爱派、游侠派和名理派。游侠一派是墨家主流兼爱派的变种。“凡兼爱者心恶公敌，除害马所以爱马也”“墨学主于锄强扶弱，势力愈甚者，则其仇之愈至”。受了墨家这种思想的影响，一时侠义之风鼎盛，直至汉初，此风不衰。司马迁在《史记》中还专门为游侠与刺客立传，足见这类人的行为在当时社会造成的影响甚大。

其实，士、刺客、游侠一类人物有很大的共性，难以将他们截然分开，司马迁在《史记·游侠列传》中，称赞这些人："其行虽不轨于正义，然其言必信，其行必果，已诺必诚，不爱其躯，赴士之阨困，既已存亡死生矣，而不矜其能，羞伐其德……"可以说，这些特点是士、刺客、游侠都具有的，只是其中的某一特点分别在刺客或士或游侠身上表现得更为突出而已。"其行虽不轨于正义"，则指出这些人的侠义行为对当时的正统秩序是一种反叛，为统治阶级所不容。所以，这些人多半被迫隐姓埋名，蛰居民间，如侯嬴做"大梁夷门监者"，朱亥混迹于市屠中，都富有传奇色彩。侯嬴正是这样一个在侠义之风鼎盛的战国时代，诞生于"燕赵多慷慨之士"的北方大地的侠义人物。他的一切言行，只有从这样的土壤和气候中方能找到根源。

侯嬴既有当时侠义之士的"重然诺，轻生死"、热血满腔的共性，又有他个人品行禀赋的特性。侯嬴的特性主要表现为头脑冷静，思考问题周密，且行事果决。信陵君听从他的筹划，借如姬之力窃得兵符，从表面上看，信陵君接管兵权似乎已不成问题，很快就可以带领军队解救赵国了，但侯嬴考虑，晋鄙是魏国叱咤风云的老将，很得魏安釐王的信任，又是魏王"名为救赵，实为持两端以观望"的政策的忠实执行人，怎么会简单得仅凭信陵君"单车"而来，携带一方兵符就老老实实将十万大军的领导权拱手让出来而不产生怀疑呢？万一晋鄙不同意移交兵权，再派人到魏王处核实兵符的真假，那事情就非常危险了。为此，他预先安排了勇士朱亥，在必要时以迅雷不及掩耳之势锤杀晋鄙，用武力强行接管他的兵权。侯嬴考虑问题可谓狡兔三窟，慎之又慎了。但他没有到此为止，侯嬴深知，魏公子虽有救赵的决心，但又有仁而不忍杀晋鄙的一面，到了关键时刻，稍一动摇，就会丧失良机；如果朱亥能坚决贯彻既定方针，杀晋鄙于抗交兵权之时，大功仍可告成，但朱亥毕竟是一介勇夫，谋略不足，难以处理突发的变故，考虑再三，侯嬴决定以自杀与信陵君诀别，激励信陵君。信陵君如果不能果断地夺取晋鄙的兵权，完成救赵的任务，不但对不起姊丈赵国平原君，也对不起为此献身的侯嬴。当然，侯嬴的自杀更是对朱亥的激励，因为“重然诺，轻生死”是侠义人物的一种行为规范，无论用多少语言去说服朱亥，也比不上以死来坚定其报答知己的决心。

这样看来，侯嬴的自杀决不是出于一时的感情冲动，而是深思熟虑后作出的决断。他的自杀是战国时侠义之士践诺言、守信用、重节操、轻生死的一个典型事例，这便是我们解开侯嬴自杀之谜的钥匙。必须指出，像侯嬴这样侠肝义胆的人物在当时绝非个别，这里再举田光为例。人们都熟知荆轲刺秦王的故事，但对推荐荆轲的田光却没有引起足够的重视。据《战国策》记载，燕太子丹向太傅鞠武请教报复暴秦的计策。太傅向他推荐了田光。田光前去会见太子丹，太子丹跪着前来迎接，退着为田光引路，又跪着为田光拂拭坐席。田光坐定之后，身边无人，太子丹以特别尊敬的礼节“避席”向田光求教说：“燕秦不两立，愿先生留意也。”田光说：“臣闻骐骥盛壮之时，一日而驰千里，至其衰也，驽马先之。今太子闻光壮盛之时，不知吾精已消亡矣。虽然，光不敢以乏国事也。”于是向太子丹推荐了自己的朋友荆轲。太子丹请田光引荐荆轲，田光答应了，起身就往外走，太子丹把他送到门口，再三叮嘱说：“丹所报，先生所言者，国大事也，愿先生勿泄也。”田光俯首笑着说：“诺。”田光去见荆轲，把见到太子丹的情况和太子丹的意图、期望，以及自己向太子丹推荐荆轲的事，一一告知荆轲，荆轲答应了田光的要求。田光又说："光闻长者之行，不使人疑之，今太子约光曰'所言者国之大事也，愿先生勿泄也'，是太子疑光也。夫为行使人疑之，非节侠士也。"田光想用自杀激励荆轲，继续说："愿足下急过太子，言光已死，明不言也。"说完就自刎而死。（事见《战国策·燕策三》）后来，荆轲义无反顾，在秦廷演出了奋力刺杀秦王政惊心动魄的一幕，不能不说与田光的激励有一定的因果关系。信陵君窃符救赵事件发生于秦昭王五十年（前257），荆轲刺秦王事发生于秦王嬴政二十一年（前226），前后相距30年，而田光的所行所为几乎是侯嬴事迹的翻版，足证战国时期讲义行侠确实蔚然成风，侯嬴、田光则是其中影响较为突出者，还有许多类似人物不曾为史家所记载而已。到了汉武帝时，官家对游侠一派进行压制，其事迹少有人记述，但侠义之风在民间还是受到广泛的赞扬。

再说说信陵君，他作为"仁而下士"天下三千宾客"争往归之"的养士者，与士有着长期深入的交往，熟知"为知己者死"是士阶层出世的信条，如果他们提出以死来报知己而加以劝阻，会被认为是"不知己"的表现，是对他们人格的侮辱，唯有履行双方共同的目标才是最好的报答。这便是"公子遂行"，对侯嬴准备自杀的表白不加劝慰的原因。两人肝胆相照，无须赘言，一切尽在不言中。

廉颇何以勇于肉袒谢罪

廉颇闻之，肉袒负荆，因宾客至蔺相如门谢罪。曰："鄙贱之人，不知将军宽之至此也。"

——《史记·廉颇蔺相如列传》

中语教材：《廉颇蔺相如列传》

文史知识：古人谢罪的方式

我国古代有许多品德高尚的人，对待自己的过失能认真反省，有过即改，即使不慎犯下了过错也绝不掩饰，正如孟子说的："古之君子，其过也，如日月之食，民皆见之；及其更也，民皆仰之。"（《孟子·公孙丑章句下》）"过则勿惮改""过而能改，善莫大焉"等格言也鼓励有过就改。如果所犯的过失对他人造成了伤害，就要认错、谢罪，除了一般的赔个不是之外，还要履行一些严格的谢罪礼节，祈求对手的宽恕，如肉袒、徒跣、负荆、膝行等就是。《史记·廉颇蔺相如列传》写廉颇肉袒负荆到蔺相如住所谢罪的事，便是典型的例子。

廉颇是赵国名将，曾为赵国立下赫赫战功，被任命为上卿

（是当时诸侯国的最高官阶）。蔺相如原只是宦官头目缪贤手下的一个门客，地位低下，但他后来也为赵国多次建立了奇勋。秦昭王欲以十五城换取赵国和氏之璧时，蔺相如自请怀璧赴秦，既献璧，见秦王无偿城之意，就用计取回玉璧，终使完璧归赵，维护了赵国的尊严。渑池之会，他又挫败了秦王想要羞辱赵王的诡计。凭着这些功劳，也被拜为上卿，而且名次排在廉颇之前。廉颇自以为功高，很是不满，扬言要在众人面前羞辱蔺相如，但蔺相如多次躲让，以致连他的部属都感到难以接受。蔺相如解释说："强秦之所以不敢加兵于赵者，徒以吾两人在也。今两虎共斗，其势不俱生。吾所以为此者，以先国家之急而后私仇也。"这话传到廉颇耳里，使他深受感动，认识到自己所犯错误的严重性，乃"肉袒负荆，因宾客至蔺相如门谢罪"。肉袒就是脱去上衣，露出身体。古人在祭祀或谢罪时，常常肉袒表示恭敬和惶悚不安。我们的祖先特别讲究文明礼貌，认为穿戴整齐是一种自尊的表现。身体受之父母，不可任意糟蹋，如果脱衣露体便是显示自己的"不开化"，是一种自我贬损的行为，是为了向对方表示真诚的歉意才做的。在一般情况下，无论如何不可采取这样的道歉方式。负荆，即背负荆条，表示甘愿接受杖责，也是一种认罪的方式。"肉袒负荆"常常连在一起。在两千多年前，在私有制社会里，追名逐利被认为是天经地义的事。这场廉蔺之争，很有可能危及赵国的生存，但最终却能以廉颇的肉袒负荆请罪化解矛盾，达到"将相和"为结局，不能不说是一个奇迹。廉颇何以有如此的胸襟勇于肉袒谢罪？肉袒谢罪认罪的诚意有多深呢？这些都值得认真探讨。

文献上最早记载以肉袒方式认罪的名人恐怕要算商代的微子

了。微子是商纣王的同父异母兄。纣王无道，微子曾经多次劝谏，但纣王不听，于是微子弃位出逃。《史记·宋微子世家》载："周武王伐纣克殷，微子乃持其祭器造于军门，肉袒面缚，左牵羊，右把茅，膝行而前以告，于是武王乃释微子，复其位如故。"文中的祭器即祭祖的礼器。在父传子、家天下的时代，祭祖的礼器也即政权的象征。茅是茅土，古天子分封王侯时，以白茅包土授之，作为受封者得以有国建社的表征。这段文字说的是，周武王讨伐商纣的大军打败了殷商，进入其京城微子脱去上衣，裸着肩背，双手自缚，牵着羊，带上象征国家权柄的礼器和茅土，跪着爬行到武王军营前认罪，表示降服，愿意交出所有的权力和财富，做周武王的奴仆，听任他的处置。这时，纣王已在战场上被杀（一说逃回鹿台自焚而死），微子是以殷商王族的身份自动代表殷商向周武王认罪的。这就是典型的肉袒谢罪。对殷商来说，这当然是一种最残酷的谢罪方式，是无条件投降，至于周武王怎样处置，那就只有希冀于他的宽宏大量了。周武王觉得微子认罪的态度好，就恢复了他原来的地位，保存了殷商的一支后裔，成为分封诸侯时宋国的始祖。

几乎与此采取一模一样谢罪方式的人是春秋时的郑襄公。《左传·宣十二年》记载了郑襄公向楚庄王投降、肉袒谢罪的事。郑国地处晋、楚两大国之间，两国都想迫使郑国屈从自己，经常对它进行攻伐。郑国无奈，谁的势力一时占先就归附于谁。此前，楚国伐郑，郑国归顺了楚国。郑国是属于北方的国家，从内心里还是倾向于晋的，不久，又暗中请求事奉晋国。公元前597年，楚庄王派了大军攻郑，经过三个月的打围，攻下了郑国的京城。楚军行进到郑国京城大街时，"郑伯肉袒牵羊以逆"，

向征服者楚庄王请罪道："孤不天，不能事君，使君怀怒以及敝邑，孤之罪也，敢不唯命是听！其俘诸江南，以实海滨，亦唯命！其翦以赐诸侯，使臣妾之，亦唯命！若惠顾前好，徼福于厉、宣、桓、武，不泯其社稷，使改事君，夷于九县，君之惠也，孤之愿也，非所敢望也，敢布腹心，君实图之。"这段话既是承认罪过的诠释，又是向楚庄王请求开恩的说辞。郑国犯了什么罪呢？在征服者面前，失败者总是有罪的，欲加之罪，何患无辞！认"罪"的态度好，或许可以引起征服者的怜悯之心，得到宽大的处理。正是由于郑襄公肉袒谢罪、卑辞请罪，楚庄王答应了与他讲和。又如公元前538年（鲁昭公四年），楚灵王率领诸侯灭了赖国，"赖子面缚衔璧、士袒，舆榇从之，造于中军"。不但赖国的国君两手反绑，嘴里叼着玉璧前来中军请罪，连众士们也脱衣袒背，抬着棺材跟随在后，是肉袒谢罪最悲壮的仪式。

以上三例属于国与国之间较量中失败者的肉袒谢罪。让我们再来看一桩个人之间的较量失败者的肉袒谢罪吧。这事发生在战国时期。魏国大臣须贾携范雎出使齐国，齐人听说范雎善辩，就单独送给他"金十斤及牛酒"以表爱慕之意。须贾以为范雎暗中出卖了国家的机密，所以得到了齐国的额外奖赏。回魏后，将这事报告了魏相魏齐。魏齐大怒，将范雎痛打了一顿，打断了他的肋骨，打折了他的牙齿。范雎佯装死了，因为在举行宴会，魏齐来不及处理完此事，就将范雎装进一个竹筐内，临时丢进厕所间。喝醉了酒的宾客还对着范雎的头撒尿。九死一生的范雎买通看守，得以逃脱，来到秦国，化名张禄，后来受到了秦王的信任，当了秦国的国相。其后，盛传秦国将要伐魏，魏国派了须贾到秦，想要打通关节劝阻秦国进攻。范雎知道须贾来了，便化装成落魄的穷人进入宾馆，借故偶遇须贾。须贾惊怪范雎仍然活着，看他生活艰难的样子，动了恻隐之心，留他一块吃饭，送给他一件丝袍，又向他打听拜见张禄的途径。范雎自愿为他带路，进了相府，让须贾留在门外，就没再出来了。一询问，门人告诉须贾，这人就是秦国的国相张禄。“须贾大惊，自知见卖，乃肉袒膝行，因门下人谢罪。于是范雎盛帷帐，侍者甚众，见之。须贾顿首言死罪，曰：‘贾不意君能自致于青云之上，贾不敢复读天下之书，不敢复与天下之事。贾有汤镬之罪，请自屏于胡貉之地，惟君死生之。’”（《史记·范雎蔡泽列传》）由于他有赠袍之举，再加肉袒谢罪，范雎在严厉斥责须贾的“罪过”后，只把他赶回魏国，让他传递将要严惩魏齐的信息。

通过上述几个事例，我们可以看出，采用肉袒的方式给人谢罪，其罪过必定被认为到了特别严重的程度，不主动谢罪就将遭到对手无情的惩罚。这几次肉袒谢罪，对谢罪者来说，真是丢尽脸面，丧失人格，备受屈辱，所以不到万不得已谁也不会选择这种方式谢罪。廉颇与蔺相如的矛盾，不属于国与国间的对抗，不能类比；也不同于须贾那样处在被迫谢罪的地位。相反，廉颇在赵国很受人们的尊重，没有谁敢于对他的地位、威望进行挑战，倒是他自己正积极策划着羞辱蔺相如呢。为什么一夜之间改变了态度，不止向蔺相如认错，而且还采用了这种最严厉的方式——肉袒谢罪呢？起决定作用的因素应是廉颇本人的品德。廉颇原本就是一位著名的爱国将领，听了蔺相如解释何以引车避匿的一席话，就能立即认识到自己犯了严重的过错。他虽然一时意气用事，对蔺相如做出了一些错误的举动，险些给赵国的安全造成大患，但他知过就改。一个贵为上卿且又特别看重荣誉的人，能够抛弃一切面子观念，毅然采取这样严厉的自我贬损的态度谢罪，是需要非凡的诚意与勇气的。肉袒负荆谢罪，说明他对自己所犯过错的严重程度有着深刻的认识。蔺相如在这一事件中处处以国家大事为重的态度，固然值得肯定，廉颇知过就改则更令人敬佩。有蔺相如的宽容、大度，还要有廉颇的勇于改过，才能出现“将相和”的团结局面，这是我们从廉颇肉袒负荆请罪悟出来的道理之一。

西门豹行簪笔磬折礼，巧在何处

西门豹曰："巫妪、弟子，是女子也，不能白事，烦三老为入白之！"复投三老河中。西门豹簪笔磬折，向河立，待良久。长老、吏傍观者皆惊恐。

——《史记·滑稽列传》

中语教材：《西门豹治邺》

文史知识：磬折礼

战国时，魏国邺县人民生活困苦，而当地巫祝、乡官、县吏等人又互相勾结、编造谎言，为境内漳河之神娶妇。扬言说，如其不然，河伯就会生发大水，淹死百姓。因此，每年都要挑选一个漂亮的少女沉入漳河，嫁给河伯为妇，同时向百姓收取钱财好几百万，作为操办婚事的费用。巫祝等人则乘机大肆侵吞，中饱私囊。那些有漂亮女儿的人家，都纷纷携带女儿逃往他乡，邺城变成了一座空城，百姓越发贫穷了。要消除邺地的贫穷，根本的途径只能是发展生产，但不废除河伯娶妇的恶俗，连从事生产的人力都没有，生产又怎么发展得了。

魏文侯时，西门豹任邺县县令。他上任之初，就亲自参加为河伯娶妇的送亲仪式。最先，他故意看了一眼新娘，说："是女子不好，烦大巫妪为入报河伯，得更求好女，后日送之。"接着，指挥差役将巫婆投入河中，命她将"更求好女"的决定报告河伯。等了好一会儿，巫婆没回，便又把她的三个徒弟和一个乡官相继投入河中，催促回信。令人惊奇的是，西门豹采取这样的激烈行动，巫婆及她的三个徒弟明明白白的是被淹死了，竟没有受到前来观看送亲仪式的人的半点抵制。他凭什么让人群认可他采取这样的行动呢？原来是西门豹巧妙地把自己装扮成了一个信徒，迷信漳河中确有河伯其神。在当时社会上普遍相信鬼神的情况下，人们便自然地把西门豹当作"自己人"（从百姓的眼中，西门豹和他们一样相信鬼神的存在，所以是"自己人"）了。由于西门豹取得了这一身份，所以接下来他的一举一动，都被迷信的百姓看作是为了邺县的福祉去讨好河伯而做的，没有人会加以阻拦。这一来，西门豹便可以放手揭露巫祝等人编造的谎言。西门豹引导人们认识到，如果漳河里真有河伯，能娶尘世间的女子为妻，那河伯自然是个具备七情六欲、活生生的人一样的神了。巫婆等人既然能代替河伯择妻，也必然能与河伯沟通，而且早该有过沟通和联络，所以此刻派他们去向河伯传递信息是顺理成章的事。可是，巫祝等人却一去不能复返，这不就证明漳河里根本就没有什么河伯了吗？巫祝等一伙编造的谎言立时暴露无遗，最后，谎言制造者们也不得不坦白承认所犯的罪过，跪地求饶。

西门豹之所以能取得这场废除河伯娶妇恶俗斗争的胜利，前提在于他成功地将自己装扮成了一个和普通百姓一样，相信漳河中确有河伯其神的“神”，从而为其后开展巧妙的斗争铺平了道路。但要把自己装扮成迷信鬼神的人也非易事，稍一疏忽，就会露出破绽。西门豹是怎样把自己塑造成这一角色的呢？细读课文就会发现，他是颇费了一番工夫的。首先，他不问眼前新娘容貌的美丑，就热情地要为河伯找个更漂亮的女子。其次，他对河伯的态度特别“恭敬、虔诚”，在巫祝等被投入漳河后，西门豹肃立在河边，假装等待他们捎来回信。文章写道：“西门豹簪笔磬折，向河立，待良久。”

“簪笔磬折”是西门豹为废除河伯娶妇恶俗斗争中表达自己态度一个喜剧性的动作，对理解全文有着重要的作用，所以需要花些笔墨加以介绍。先说“簪笔”。古代臣子朝见君王，都要及时记下君王的旨意。为方便记载，做臣子的就将笔像插簪子（插定发簪或冠的长针）般插在头发上，随时可以取下来记事，所以叫做簪笔。那么磬折呢？磬是一种打击乐器，是用石头打磨而成的。它的基本形状类似木匠的矩尺（也叫曲尺），上部有一个小孔。演奏时，用绳子系住小孔挂在悬架上，拿一根小槌轻轻敲击，就会发出低沉而清越的声音。课文中说的磬折，虽然与磬有点关系，但讲的不是音乐演奏，而是一个由名词磬作动词折的状语组成的复合词，描述古代一种叫拜礼的行礼方式。行拜礼的人，双手前伸，使手、头、背、臀排列在一条水平线上，上半身与下半身躬成“7”字状，犹如悬着的磬，

磬

所以叫“磬折”。由于弯腰是这一拜礼的主要特征，故又称之为“折腰”。这（磬折、折腰）是对人特别尊敬的礼节，一般只对年高德望或地位特别尊贵的人行此大礼。兹举数例，据《庄子·渔父》篇载，有一次，孔子在河边遇见一位渔翁，通过交谈，感到这位渔翁深谙大道的真谛，使自己受益匪浅，便向他行了磬折之礼，以表敬意。不料竟引起了跟随在他身旁的学生的不满。子路问孔子道：“由得为役久矣，未尝见夫子遇人如此其威也。万乘之主，千乘之君，见夫子未尝不分庭分伉礼，夫子犹有倨傲之容。今渔父杖拏逆立，而夫子曲腰磬折，言拜而应，得无太甚乎？门人皆怪夫子矣，渔人何以得此乎？”子路反对孔子对渔父行此大礼的这段话，足证人们普遍认为“磬折”是一项高规格的礼节。又《晋书·陶潜传》说：“陶为彭泽令，郡遣督邮至，吏告当束带迎谒，潜叹曰：‘吾不能为五斗米折腰，向乡里小人！’”李白更是高声呼喊：“安能摧眉折腰事权贵，使我不得开心颜。”后二例说明，一个有尊严的人是不会随便弯下自己的腰的。现在，西门豹站在漳河岸边，“簪笔磬折”，对河伯表现出特别的崇敬。你看，他将笔插在头发上、腰弯得钟磬一般，随时准备记录河伯的任何吩咐的模样，毕恭毕敬、祭神如神在的姿态，怎能不让人相信他是真正在为河伯娶妇而献力呢？尤其有趣的是，他在行这个礼的时候，巫祝等一伙骗子的心里非

磬折礼

常清楚，这是西门豹针对他们演的戏，但他们却不敢“揭露”其假，因为那样就等于自己揭露自己。另一方面，那些受迷信思想蒙蔽的邺县百姓，原本满怀希望地想从河伯那里得到理想的庇护，经过西门豹“更求好女”的这番操作，才恍然发现原来漳河里什么神也没有。

后人读到这篇文章，对西门豹采取这样的斗争策略，要笑破肚皮，觉得滑稽得不得了。所以，在漳河畔发生的这一幕，实在是西门豹巧行簪笔磬折礼精心演出的一台滑稽戏，是《西门豹治邺》一文最具特色也是最成功之处。

县令、太守为何不忌讳兰芝再嫁

还家十余日，县令遣媒来。云有第三郎，窈窕世无双，年始十八九，便言多令才……云有第五郎，娇逸未有婚。遣丞为媒人，主簿通语言。直说太守家，有此令郎君，既欲结大义，故遣来贵门。

——《孔雀东南飞》

中语教材：《孔雀东南飞》

文史知识：古代妇女贞操问题

乐府诗《孔雀东南飞》写到兰芝被她的婆母赶回娘家后，县令和太守先后派人上门求亲，想把兰芝收为儿媳，遭到兰芝的坚决拒绝。有的学生就此质疑：在封建社会，地位显耀的县令乃至太守，愿意找一个被人遗弃了的女子为儿媳吗？难道就不怕玷污门庭的声誉？而另一方面，兰芝的母亲对兰芝的再嫁似乎也不怎么反对，兰芝的阿兄更是逼迫兰芝快速办成此事。他责备兰芝道："先嫁得府吏，后嫁得郎君，否泰如天地，足以荣汝身。不嫁义郎体，其往欲何云？"一点也没有顾忌女子"从一而终"

“一女不嫁二夫”的封建教义，这种做法能为封建社会所容忍吗？这些学生断定这个情节不符合历史事实，只能是民歌作者的虚构。其实恰恰相反，这正是质疑的人对历史缺乏了解的表现。

中学生都学过鲁迅的小说《祝福》，寡妇祥林嫂被人劫持卖予贺老六做妻，后来不幸夫死子亡，再次守寡，因而受到社会的冷遇，旁人的嘲弄。祥林嫂怕死后在阴间遭两个丈夫的鬼魂来争夺来分尸，便向土地庙捐了一条门槛赎罪，可是仍不能得到以鲁四爷为代表的封建统治阶级的承认，最后在绝望中冻死于风雪铺盖的街头。封建社会的贞节观对妇女的残害给学生留下了深刻的印象，怪不得他们提出疑问。但封建贞操观也有个产生、发展的过程。汉代的班昭在《女诫》中提出“夫有再娶之义，妇无二适之文”的主张，不过那只是当时的一种舆论导向，并未在社会形成风气。

事实上，从西周到宋以前，人们并不忌讳妇女再嫁。翻阅历史，那段时间妇女再嫁的现象相当普遍，可以举出许多事例。如汉朝开国功臣之一的陈平，他的妻子是财主张负的孙女，在嫁给陈平之前曾经结过五次婚，陈平没有感到有何不妥。婚后，陈平在妻子的帮助下，交游更广。汉武帝的姐姐馆陶公主寡居时与董偃相好，武帝到公主家，称董偃为主人。馆陶公主去世后与董偃合葬。东汉蔡邕之女蔡文姬，最初嫁给卫仲道为妻，卫仲道早逝，文姬回到娘家，战乱中被掠入匈奴，做了左贤王的妾，留匈奴十二年，生有二子。后来曹操用重金将她赎回，又嫁予董祀。人们并不因为她几次婚嫁而加以歧视，对她的文学才能更是推崇备至。曹丕的妻子甄氏，原是袁绍二儿子袁熙之妻，后来成为曹丕的妻子，她生的儿子曹叡，还登上了曹魏王朝第二任皇帝的

宝座。

到了唐朝，对待妇女再嫁的事仍然相当开明。《唐律》规定："若夫妻不相安谐和而离者，不坐。"意思是协议离婚不违反法律。当时，有个叫杨志坚的儒生，决心走读书应试的道路，可是直到头上长出了白发还一无所成。他的妻子耐不住清寒，也不相信丈夫有出头之日，坚决要求离婚，杨志坚坦然待之，作《送妻》诗一首，表明自己同意妻子改嫁的意愿。诗曰："平生志业在琴诗，头上如今有二丝。渔父尚知谿谷暗，山妻不信出身迟。荆钗任意撩新鬓，明镜从他别画眉。今日便同行路客，相逢即是下山时。"（《全唐诗》第 158 卷）妻子拿着这首诗到州里"请公牒以求别醮"。当时担任临川刺史的是著名的大书法家颜真卿。颜真卿对杨妻王氏因夫贫求离有所批责，但仍准予离异。从杨志坚的《送妻》诗及此一离婚案的判决，可见唐人对妇女的贞操观还是相当淡薄的。据《新唐书》诸帝公主传记载，唐代公主再嫁者达二十七人。以儒家正统自居的韩愈，她的女儿先嫁李姓人家，后改嫁樊宗懿……事例不可胜举。

刘兰芝的故事发生在汉末建安中，与蔡文姬、甄氏处于同一时期。在那样的社会环境下，县令、太守家仰慕的是兰芝的出色品貌，超人的智慧和勤劳的品德，无须考虑有关贞操的舆论。宋朝以后，情况才不同了，理学思想笼罩着社会，竭力鼓吹三纲五常，女人要守节，要遵从"三从"等封建伦理道德。程颐说："又或问有孤霜、贫穷无托者，可再嫁否？曰：只是后世怕寒饿死，故有是说。然饿死事极小，失节事极大。"他们的"理论"得到了统治阶级的认同与鼓励。从此，妇女的再嫁问题就受到极大的制约，尤以明清两代为最。

中国的封建社会有着漫长的历史，所有的封建伦理道德观念都有一个逐步形成的过程，许多风俗、习惯、礼仪也是历史相沿积久而成的。每篇古代文学作品反映的社会生活都体现了特定阶段的风尚，因此具体的事情要进行具体的分析。如《孔雀东南飞》写到县令、太守家向兰芝说亲一样，那时妇女再嫁是司空见惯的事情，不像后来那样当作一个重要的贞节问题。因此，我们绝不可把两千年间封建社会所有的事情当作一个模式。

李密真的骗过了司马炎吗

祖母刘悯臣孤弱，躬亲抚养……外无期功强近之亲，内无应门五尺之僮，茕茕孑立，形影相吊。而刘夙婴疾病，常在床蓐，臣侍汤药，未曾废离……臣无祖母，无以至今日；祖母无臣，无以终余年。母、孙二人，更相为命，是以区区不能废远。

——《陈情表》

中语教材：《陈情表》

文史知识：封建统治阶级宣称的以孝治天下

李密给晋武帝司马炎上《陈情表》的意图，历来有两种不同的说法。其一，说李密为了奉养祖母而请求司马炎同意他不出去做官，所以《陈情表》中详述了自己与祖母相依为命的骨肉深情，表达了终养祖母以尽孝道的愿望。据说，司马炎读后颇为感动，答应了李密的请求。2005 年 10 月号的《语文知识》（郑州大学主办）刊载了《李密何不以“忠”剖心迹》一文，认为司马炎发动政变，废曹魏自立，从封建伦理道德来看，是“无忠、无节、无义”“贰臣逆贼”的行径，因此《陈情表》尽量避免涉及忠、节、义等政治准则，以免“批了龙鳞，揭了晋武帝的伤疤”，带来不测的后果，“甚至还会搭上性命”。文章从另一个角度阐述了《陈情表》何以只在孝字上大做文章的原因。其二，说李密的本意是，西晋立国不久，政权还未完全巩固，想观察一下局势的发展，再决定自己的进退，所以巧妙地避开了这一主旨，而将孝道摆在最突出的位置，转移司马炎的注意点，加以言辞恳切、合情合理，使司马炎信以为真，终于骗过了他。

李密的真实意图到底是什么？绝对不是凭猜想能够作出判断的。我们只有根据已有的事实进行认真的考查、分析，方能得出接近于真相的结论。

李密，字令伯，犍为武阳（今四川彭山县）人，生于蜀汉建兴二年（224）。他幼时早孤，母亲改嫁，赖祖母刘氏抚养成长，因而对祖母感情至深。刘氏有病，他就谨守在旁，“未尝解衣，饮膳汤药，必先尝后进”（引自《晋书·李密传》，后面引文未注明出处者与此同），恪尽孝道。单从这点来讲，说李密以祖母年老力衰需要奉养为由，辞却晋武帝的征召，应该是言之成理，可以让人相信的。但这只是按一般的规律去看待问题，而没有根据李密其人的具体情况进行深入的分析。

李密没有显赫的家世背景，他出身于中小地主阶层，自幼博览五经，尤长于《春秋左氏传》，很想凭着自己的能耐，到官场谋个前程，用他自己的话说，即“本图宦达”。泰始四年（268），虽然辞去了西晋新朝的征召，但在刘氏去世后，复以太子洗（xiǎn）马征至洛阳，出为温令。《晋书·李密传》说：

“密有才能，常望内转，而朝廷无援，乃迁汉中太守，自以失分怀怨。及赐饯东堂，诏密令赋诗，末章曰：‘人亦有言，有因有缘。官无中人，不如归田。明明在上，斯语岂然！’武帝忿之，于是都官从事奏免密官。后卒于家。”从这简略的记载中，可以看出，他很想通过从政爬上较高的位置，改变自己的命运。由于没有达到预期的目的，牢骚满腹，甚至不惜冲撞晋武帝本人。就是这样一个热衷于仕途的人，得到新朝的征召，却辞不赴命，难道真的是为了恪尽孝道，奉养祖母吗？不，这完全不符合李密一辈子追求“宦达”的个性特征。因此，我们必须从当时的政治局势中去寻找他上《陈情表》，辞不赴命的根源。

李密生活在三国时的蜀汉和西晋王朝的初期，这是一个经历了长期分裂刚建立起统一的王朝的时期。从公元220年曹丕登基算起，到公元280年吴主孙皓降晋为止，前后不过六十年，而魏国在明帝曹叡死后（239），权力就全部被司马氏所控制。短短的几十年间，掌权人不断更换。西晋第一次征召李密，正是蜀汉政权被兼并过来不久之际，人心未定；孙皓仍坐镇江东，那里有四州、四十三郡、三百一十三县、五十二万三千户口，是一股与晋对峙的强大力量。更何况曹奂新近才被赶下台，曹魏的势力也未烟消云散。这一切都说明西晋的天下还不是稳如泰山。这个政权能不能迅速巩固、长治久安，自然是当时人普遍所关注的事，更是蜀汉那些亡国之臣在投靠新主子前必须考虑的问题。李密在蜀汉时，担任过尚书郎之职。入晋时（263），年届不惑，积累了一定的政治斗争经验，在迈出其后半辈子政治生命关键一步时，自然要采取慎重的态度。因此，他决定等待政局进一步明朗化后再定进退，显然是经过严肃的考虑才作出的决策。但这一决策绝对不能让司马炎知晓，为了打掩护，便捧出了“圣朝以孝治天下”这顶堂皇的帽子戴在晋武帝的头上，然后再详细阐明要为祖母尽孝的心愿，使晋武帝不得不表同意，甚至还“嘉其诚款，赐奴婢二人，使郡县供其祖母膳”（《华阳国志》），以致今天仍有人觉得晋武帝被李密蒙骗了。

其实，说李密想要观察一下局势再定进退，企图用孝道来蒙骗司马炎倒也没错，但如果以为司马炎真的上当受骗，那就大错而特错了。自小在错综复杂的矛盾斗争中久经磨炼的司马炎，岂是这么容易欺骗得了的。李密玩弄的这类小权术，司马氏家族早就玩过了。据《晋书·宣帝纪》载：司马懿才华出众，建安六年，曹操“闻而辟之”，司马懿知“汉运方微，不欲屈节曹氏，辞以风痹，不能起居”，曹操派人夜往密刺他，司马懿“坚”卧不动。及魏武为丞相，又辟为“文学掾”。负责执行征辟任务的官员临行时受曹操叮嘱，如果司马懿继续托词拒辟，就将他抓捕回来。司马懿害怕了，才不得已就职。李密想拿司马炎祖父玩过的把戏来玩弄司马炎，岂不是班门弄斧，找错了对象？问题是司马炎为什么没有效仿曹操的方法，威胁要将李密抓捕起来呢？究其原因是时势使然。建安年间，曹操正与群雄争天下，人才问题在很大程度上决定事情的成败，所以能为我用者则用之，不愿为我用者则消灭之，不使落于敌方之手。而此时的情况却不同了，司马炎已登上了帝位，“天下英雄入吾彀中矣”，李密一人应召与否无损于天下大局。他请求奉养祖母余年，虽说有诈，但与其强行征召，不如顺水推舟，表示同意，而且还加以鼓励，那样，李密至少在表面上不得不感恩戴德，而司马炎却可以以“尊贤重士”“以孝冶天下”等美名享誉四海，同样达到了他征辟贤才、

装点门面的目的。李密固然企图欺骗司马炎，而司马炎则不但欺骗了李密，还通过欺骗李密欺骗了普天下的人。所谓“以孝治天下”，这张牌在司马炎手中真是玩活了。从后来的事实看，晋武帝确实早已洞察李密辞不赴命的意图。刘氏去世后，虽然再度征召了李密出仕，却并不重用，当李密自以为怀才不遇发泄不满时，武帝已认定他不再有利用的价值，便免其职位让他归田。

至于说，李密在《陈情表》中不以“忠”剖心迹，是怕刺痛晋武帝的伤疤来报复，更是站不住脚的说法。试问，中国历史上哪一个开国皇帝不是在推翻旧王朝，即他昔日的君王才登上皇帝的宝座的？从这个意义上说，每个开国之君都是最大的“贰臣逆贼”，如果新朝的子民向他表忠，岂不也是批了他的“龙鳞”，揭了他的“伤疤”，会招致他的报复？然而恰恰相反，新朝皇帝最盼望的就是臣民向他表白忠心，所以，此话无论怎样也不能成立。我以为，李密不以“忠”剖心迹还有另外的缘由。魏晋交替时，当时从政的人，一般对忠、节、义的观念都很淡薄，以李密的老师谯周为例，此人是当时的大学问家，思想言行对当时的仕子有很大的影响。谯周大约生于东汉建安五年（200），进入蜀汉后，诸葛亮“领益州牧，命周为劝学从事”，后官至光禄大夫，继以劝蜀主刘禅降魏有功，被封为阳城亭侯；入晋后，屡召征用，拜骑都尉，后以疾辞。这样一个四朝“元老”，有奶便是娘的人，期望他培育出来的学生成为讲求忠、节、义政治准则的人，自然是一种奢望。李密作为谯周的学生，在《陈情表》中就坦言自己“本图宦达，不矜名节”，要他向司马炎剖忠心，恐怕连他自己也羞于讲那个“忠”字呢！更重要的是，李密既然对西晋新朝心存观望，大表忠心就不符合自己原来的想法，如果忠心表得过头，万一出现政局变化的情况，那又如何向另一个新朝献谄呢？

认识了上述几个问题，关于李密向司马炎呈上《陈情表》的真实意图，也就一清二楚了。

杜鹃鸟有哪些别名

其间旦暮闻何物？杜鹃啼血猿哀鸣。

——《琵琶行》

但见悲鸟号古木，雄飞雌从绕林间。又闻子规啼夜月，愁空山。

——《蜀道难》

中语教材：《琵琶行》《蜀道难》

文史知识：杜鹃鸟与古代诗词的关系

在我国古典诗词中，杜鹃鸟是个经常露脸的角色。不过，有时她不一定以杜鹃的名字出现，而是用了别的称号。据查，杜鹃鸟有二十几个别名，这在鸟类中绝无仅有。她为什么会有这么多的别名？中国人给杜鹃取那么多别名，依据的原则是什么？表达了怎样的意愿和期待？考察一下这些命名的由来及意义，对我们认识杜鹃及其与古代诗词的关系是很有帮助的。

古诗词中最早提到杜鹃的是《诗经·曹风》。西周时的曹国在今山东西部，当时曹地的人叫杜鹃为鸤（shī）鸠。《曹风·鸤鸠》篇说："鸤鸠在桑，其子七兮。淑人君子，其仪一兮。"民歌作者以鸤鸠起兴，对一位勤劳朴素的农家汉子进行了歌颂。据《太平御览》《华阳国志》等书记载，蜀王杜宇，号望帝，他关心百姓疾苦，教民务农。蜀地连年洪灾，民众难以安生，杜宇立鳖灵为相，指示鳖灵带领人民开山拓河，修筑堤坝，清除水患，使蜀地的生产得到发展，生活富足。望帝以鳖灵功高，就主动让位于他，他自己隐居西山，死后忠魂不灭，化为子规，继续督促农人耕作，杜宇之名便是由这个故事演变而来的。《禽经》在谈到子规的名字时说："江左曰子规，蜀右为杜宇，瓯越曰怨鸟，一名杜鹃。"其后，又由杜宇这个名称派生出了好些个相关的名字，如杜鹃、杜魄、望帝、古帝魂、蜀魂、蜀鸟、蜀鹃等。这些名称都或先或后出现在古代作家的作品中，这里，我们分别各举一二例为证：

碧出苌弘之血，鸟生杜宇之魄。（晋·左思《蜀都赋》）

杜宇竟何冤，年年叫蜀门。（唐·杜牧《杜鹃》）

其间旦暮闻何物，杜鹃啼血猿哀鸣。（唐·白居易《琵琶行》）

可堪孤馆闭春寒，杜鹃声里斜阳暮。（宋·秦观《踏莎行》）

望乡台上秦人去，学射山中杜魄哀。（唐·武元衡《送柳郎中裴起居》）

旗飘岘首岚光重，酒奠湘江杜魄哀。（唐·罗隐《送郎州张员外》）

庄生晓梦迷蝴蝶，望帝春心托杜鹃。（唐·李商隐《锦瑟》）

可怜那抱幽怨的孤魂，只伴着呜咽咽的望帝悲声啼夜月。（清·洪昇《长生殿》第三十八出）

我不暇自哀，古帝魂春来。（元·周霆震《杜鹃行》）

楚天开阔天成轮，蜀魄声声似告人。（唐·杜荀鹤《闻子规》）

蜀客春城闻蜀鸟，思归声引未归心。（唐·雍陶《闻杜鹃二首》）

归随辽鹤迹，啼有蜀鹃痕。（清·赵翼《愍忠寺石坛相传唐太宗葬战骨处》）

上述这些别称虽然有所不同，但都是由杜宇这个故事派生出来的，只是在不同的场合换一个字突出她不同的特点而已。人们称呼得最多的还是杜鹃。在生物学上，这种鸟属鸟纲鹃形目，由于与杜宇挂上了钩而被命名为杜鹃，所以，这一命名还是非常切合杜鹃的身份的。

为杜鹃取名的另一种方式是以她啼鸣的声音的谐音来命定。这又可以分为两个基本的谐音系列，我把它叫做“布谷”系列和“不如归去”系列。

先说“布谷”系列。每年暮春时节，杜鹃便开始啼鸣。李白诗云“杨花落尽子规啼”，白居易也有“杜鹃花落杜鹃啼”之句。杜鹃一唱开就昼夜不停，直到夏末。她的啼声特别清亮，一只杜鹃隐蔽在绿树丛中歌唱，整个村子的人都能听到她那动人的歌声。她歌唱的频率较快，第一声刚完，第二声就接了上来。每一声由两个音节组成，如果用现代汉语拼音符号表述，应该写作 búgǔ。有趣的是杜鹃的英文名字叫“cuckoo”，几乎与我们所称的 búgǔ 相同，看来也是一种谐音。禽鸟的啼声是由其发音器官决定的，并无具体含义。汉语中的双音节词有不少同音词，当它不在某个特定的句子之中仅凭声音是难以确定其具体意义的。因此，人们可以根据自己的想象和意愿，用某个双音节同音词来音译 búgǔ，赋予它一定的含义。这么一来，búgǔ 的音译就有了好多个“版本”，最著名的自然是“布谷”，它成了杜鹃鸟的主要别名。这个音译版有两个优点，一是声音非常近似，再是布谷含有播种的意思。布谷初啼时，正值春插季节，她一声接着一声高唱，两声连在一起，就好像在督促农人：“快快布谷!”到了夏季，芒种夏至之后，小麦成熟了，她又像在高唱：“旋黄旋割!”这就很好地表达了布谷鸟客观上所起的作用，即鼓励农民务耕，所以人们又把杜鹃鸟称为劝耕鸟。杜甫的《洗兵马》诗云：“田家望望惜雨干，布谷处处催春种。”陆游《初夏绝句》诗云：“纷纷红紫已成尘，布谷声中夏令新。”两诗都是从季节迫人、布谷劝耕的角度来立意的。不过，如果单从劝耕这一角度命名的话，那“买诡”（guǐ，农具，臿属）之名就更能体现这一特点。明王志坚《表异录·动物》：“《杨雄传》注：‘布谷，一名买诡。’盖闻其声，则思买诡以布谷也。”但“买诡”不属于谐音命名的范畴。以布谷为基础，也派生出了一组谐音的别称，如勃姑、拨谷、郭公、结诰、夫不、谢豹等。这些别称同样也有很多进入了诗歌，如：

勃姑夫妇喜相唤，街头雪泥即渐干。（宋·黄庭坚《考试局与孙元忠博士竹间对窗夜间元忠诵书声》）

桑眼初开麦正青，勃姑声里雨冥冥。（宋·陆游《春社》）

缫丝忆君头绪多，拨谷飞鸣奈妾何。（唐·李白《荆州歌》）

会有行人回首处，两边枫树郭公啼。（元·李孝光《寄朱希颜》）

涝涝江雨熟梅子，黯黯春山啼郭公。（清·曹寅《鲥鱼》）

《方言》第八，在解释“结诰”条下说：“布谷自关而东，梁楚之间谓之结诰，周魏之间谓之击谷。”钱绎笺疏：“按，布谷转而为搏谷、拨谷、勃姑、步姑，结诰转而为击谷，鹄[illegible]，又转而为获谷，又转而为郭公，今东吴人呼拨姑，亦为拨哥，又呼为勃姑……德州人呼为保姑，则皆布谷之转声矣。”《方言》的注，钱绎的笺疏，已将这些别称与布谷的关系说得非常清楚了。

言如鹦鹉今徒尔，宿似夫不亦得哉。（宋·吕南公《熙宁六年再至邓氏北轩感而书壁》）

《辞源》“鸤鸠”条说：“鸟名。即布谷。”《尔雅·释鸟》：“隹其，鳺鴀。”晋郭璞注：“今鵓鸠。”清郝懿行疏：“鵓，即夫不之合声也。”说明“夫不”也是布谷的转声。

白沙洲上江蒿长，绿树村中谢豹啼。（唐·顾况《送张卫尉》）

残碑古庙乱冈西，耳畔啾啾谢豹啼。（清·陈维崧《长清经杞梁妻祠》）

杜鹃称为谢豹的由来说法有二。其一，据《嫏嬛记》载：“昔有人饮于谢氏，其女悦之，其人闻子规啼，心动，谢去。女恨甚，后闻子规啼，则怔忡若豹鸣也，故名子规为谢豹。”《嫏嬛记》旧题元伊世珍撰笔记小说，采集各书而成，真伪相杂，语多不经，似难以为据。另据《禽经》说：“子规啼苦则倒悬于树，自呼曰谢豹。”现在我们公认杜鹃啼声似 bùgǔ，那么，谢豹的自呼声应与 bùgǔ 相近似，可是照现在字面上的读音，用普通话无论怎样也读不出 bùgǔ 的近音来，原因何在呢？宋陆游《老学庵笔记》卷三说：“吴人谓杜宇曰谢豹……若非吴人，殆不知谢豹为何物也。”原来谢豹就是布谷的谐音，由于是吴人的方言，八百多年前的陆游就差一点没有弄清楚，何况现代的我们呢？但有了陆游的这一记载，我们也就知道谢豹便是杜鹃（布谷）鸟了。所以将杜鹃叫做谢豹也是属于以谐音命名的范畴。

此外，布谷鸟还有几个俗名，如“蚕鸟”等。明谢肇淛《西吴枝乘》说：“吴兴以四月为蚕月……是月也，有鸟飞，其声曰‘著山看火’，湖民谓之蚕鸟。”又俗名“割麦插禾”“脱却破裤”。明李时珍《本草纲目·禽部》“鸤鸠”条注释说：“布谷名多，皆各因其声似而呼之。如俗呼‘阿公阿婆’‘割麦插禾’‘脱却破裤’之类，皆因其鸣时可为农候故耳。”我以为其中“脱却破裤”这一谐音称号最有创意，因为布谷鸟啼鸣时已是清明、谷雨季节，天气日趋暖和，应该脱掉夹衣夹裤了，所以苏轼的《五禽言》幽默地说：“溪边布谷儿，劝我脱破裤。”用鸟名形象地说明气候的变化。

如果说杜鹃是子规文雅称号的代表，那么布谷便是她通俗称呼的代表了。而且更为一般人所知晓，尤其是现代。再简说一下“不如归去”系列。如同译成“布谷布谷”“旋黄旋割”的方式一样，古人把杜鹃的两声啼鸣连在一起，说她唱的是“不如归去”。这一说法由来已久，正如宋梅尧臣在其《杜鹃》诗中指出的“不如归去语，亦自古来传”。大概是四个音节，不符合中国人命名的习惯，所以没有直接将它作为杜鹃的别名。这“不如归去”的啼声，古诗文多作思归或催人归家的意思，经此转化，杜鹃又有了子规、秭归、子巂（xī）等别称。诗句“又闻子规啼夜月，愁空山”（李白《蜀道难》），“秭归思妇，垂鸡高巢，其鸣喈喈”（宋玉《高唐赋》）中的子规、秭归即杜鹃也。

除了以上别称外，杜鹃还有两个颇具特色的名称。

一名怨鸟。这是根据杜鹃啼声的感情色彩而给她取的一个名字。宋陆佃撰写的《埤雅·释鸟》在“杜鹃”条下解释说：“一名子规，苦啼。啼，血不止。一名怨鸟，夜啼达旦，血渍草木。”诗句中运用此名的例句：

巫山迢遥隔万里，怨鸟一声空裂耳。（清·李邺嗣《杜鹃行》）

怨鸟忆三巴，啼痕湿露花。（清·吴镇《杜鹃》）

一名戴胜。这是杜鹃一个非常雅致的别号。经考查，其源盖出于《山海经·西山经》。书中说：“西王母蓬发戴胜。”“胜”是妇女的玉制首饰。杜鹃头上长着羽冠，命名者将杜鹃的羽冠比喻为品位很高的玉制首饰。戴胜的形象是美丽而华贵的。《礼记·月令》记述杜鹃的活动情况说：“鸣鸠拂其羽，戴胜降于桑。”《吕氏春秋》写为“戴任”，《尔雅·释鸟》写为“戴鵀”，《方言》写为“戴鳻”“戴南”。

这样算来，杜鹃至少有二十几个名称。归纳起来，其命名的方式大致可以分为六种：一、根据杜宇化为鸣禽的神话故事，如杜鹃；二、谐音，模拟她的啼声，如布谷；三、人们认定她对社会所作的贡献，如买铠；布谷也可以属于这一类；四、依据她的容貌的特征，如戴胜；五、依据她啼鸣时的感情色彩，如怨鸟；六、按照她啼鸣时当地农事的特点，这一名称带有某地的局部性，如蚕鸟，只在江浙一带流行。

同一种鸟这么多别名并非坏事，这正反映了汉语言词汇的丰富和精确。我们可以根据需要将相关的名称用在适当的地方，如在讲农业生产时就称她为布谷，讲思念亲人、故乡时就称她为子规，讲爱情故事时就称她为勃姑……

考察了古人（主要是代古诗人）给杜鹃取下的诸多别名，引证了诗人们为杜鹃写下的许多诗句，不难发现，我国古代诗人与杜鹃的关系是何等的紧密！从时间上讲，前已谈到，早在《诗经》中就有了歌唱杜鹃的诗篇，其后的楚辞、唐诗、宋词，一直到元明清两千余年间的诗史中，叙写杜鹃的诗篇从未中断过，尤其是诗词鼎盛时期的唐宋两代，她露脸的时候更多；以作家来说，唐代的李白、杜甫、白居易、李商隐、杜牧、杜荀鹤、雍陶、谭用之……宋代的苏轼、李清照、陆游、辛弃疾、朱淑贞等人的作品中，都曾多次出现过杜鹃的形象和声音。杜鹃与古代诗人交结之久远，涉及诗人之广泛，在鸟类中确是无与伦比的。

杜鹃能与诗人结成如此紧密的关系绝非偶然。这是古诗人与杜鹃有一种共同的特性在起联结作用的缘故。杜鹃最突出的特性就是她啼鸣的方式和声音带有悲切的色彩。杜鹃口腔的上皮和舌头都是红色的，古人对她的这一生理特征缺乏了解，误以为是她啼苦了而流出了鲜血，因而有杜鹃“倒悬于树”，啼得满嘴流血的讹传，而她的啼声又让人听起来觉得非常悲切。宋代康与之在其《满江红》中说：“镇日叮咛千百遍，只将一句频频说，道不如归去不如归，伤情切。”两千年来，一代代中国文人都把杜鹃定为悲情之鸟，一种悲愁的象征。在旧时代，除了少数爬上高位的知识分子外，为谋求个人前途到处奔波的广大下层知识分子，境遇向来不佳，免不了遭受各种挫折，萌发心灰意冷的情绪，思念起家乡、思念起亲人来，想从亲人那里得到慰藉。这些人原本就多愁善感，加上中国人特有的眷恋乡土的情愫，以及当时交通不便，回家省亲非常不易，种种因素使胸中积聚的块垒越来越多，到了需要通过某种形式予以发泄的程度。这个时候，他们最怕听到杜鹃凄切的啼鸣，触动自己忧伤的情感。唐人无名氏的《杂诗》说：“近寒食雨草萋萋，著麦苗风柳映堤。等是有家归未得，杜鹃休向耳边啼。”正是这种情绪的表现。惺惺惜惺惺，愁人怜愁人。共同的忧愁特性，将诗人与杜鹃联系在一起了。每当此时，诗人们便会借杜鹃之口倾诉自己的苦闷。其实，杜鹃啼鸣之时，正是千山呈翠、万花飘金，一年中景色最美好的时期，为何还要唱什么“不如归去”呢？怪不得范仲淹带着责备的语气写道：“夜入翠烟啼，寻找芳树飞。春山无限好，犹道不如归。”究其根本原因，还在于诗人自己的悲观心理在起作用。

鲁肃为何称刘备为“枭雄”

刘备天下枭雄，与操有隙，寄寓于表，表恶其能而不能用也。

——《资治通鉴·汉纪五十七》

中语教材：《赤壁之战》

文史知识：枭鸟卷入文坛和政政斗争旋涡中的故事

建安十三年（208），曹操在降服荆州刘琮之后，旋即顺江东下，直指孙权管辖的地盘东吴。东吴危急万分，群臣发出一片求和之声，独有鲁肃最早提出联合刘备共同抵抗曹操。他向孙权推荐刘备说：“刘备天下枭雄，与操有隙，寄寓于表，表恶其能而不能用也。”

这段话中，鲁肃介绍了刘备的杰出才干，想以此说明刘备是个有足够本领与曹操对抗的合作伙伴，应该说是讲到了点子上，但令人纳闷的是，他没有按习惯的说法，将杰出的人物称为“英雄”“豪杰”，而以“枭雄”代之。“枭雄”与“英雄”“豪杰”有无不同之处？

在古汉语中，凡是杰出的人、事物或国家都可以叫做“雄”。以人为例，幽默家东方朔被称为“滑稽之雄”，擅长写文章的人被称为“文雄”，武艺超群、力敌万人的人被称为“万夫雄”。这类称谓，从构词方式看，是在“雄”前加一个最能体现该人物特点的词作为修饰成分，组成一个偏正结构的新词。鲁肃称刘备为“天下枭雄”，用“枭”修饰“雄”，只需对枭进行一番考察，知道了枭的特性，那么“枭雄”一词的意义就清楚了。

在今天，要了解一种鸟的习性并非难事，但枭鸟却属例外。它在历史上有过一段悲惨的遭遇，是人为地被推入政治斗争旋涡中的少数禽鸟之一，以故凡是有关枭鸟的评价，就不能单从它的生理和生活习性去判断，而应该加上那段陷入政治斗争旋涡中的特殊经历。

中国古代把枭鸟叫做鸱鸮或鸱枭，又写作鸱鸺，现代则称之为“猫头鹰”。它长着猫脸，圆眼孔，利爪，向下勾曲的尖嘴，一副凶相，又爱夜鸣，因而遭人厌恶。人们常犯的一个错误就是“以貌取人”，其实猫头鹰是一种益鸟，它昼伏夜出，以捕食鼠类和一些哺乳类小型动物为生。据估测，一只猫头鹰年食鼠五百只左右，可以保护一吨粮食。古人在与猫头鹰的交道中，了解了它的习性，因而对它怀有好感，譬如商周时代的许多青铜器上就以枭的形象作为纹饰。安阳侯家庄出土的一件青铜酒尊，造型是只完整的枭鸟。它头颅浑圆，双目大而突起，配以直立的躯干，垂直的尾羽，简化成角状而上翅的双足，整个形象挺拔雄健，给人以英武的感觉。青铜器是商周时代的礼器，祭祀天地神灵的祭具，它本身及其上的纹饰都具有非常神圣的性质。据此，可知古人对枭有多崇敬与喜爱。然而到了西周后期，枭鸟的地位却急剧地下降。《诗·豳风》中有一首写枭的诗说："鸱鸮鸱枭，既取我子，无毁我室。"饱受压榨的奴隶们有苦无处诉，便唱出歌谣，把枭鸟比作凶狠残暴的奴隶主，痛加斥责，倾诉自己的愤怒之情。又《诗·大雅·瞻印》篇说："懿厥哲妇，为枭为鸱，妇有长舌，为厉之阶。"这首诗的作者把枭当作一种丑恶的形象来嘲弄。汉武帝时，儒家为了维护封建家长制，大肆宣扬孝道，捏造出了"枭食其母"的谎言，说幼枭只有吃了枭母，翅膀方能硬朗学会飞翔，因此它们在离家单独放飞前的最后一次进食，就是共同吃掉自己的母亲。根据这一谎言，枭鸟便被认定为不孝之鸟了。为了表明对不忠不孝的疾恨，汉朝统治者决定借枭鸟开刀。汉应劭的《汉官仪》载："夏至，微阳始起，育万物，枭害其母，故以此日杀之。"《史记·孝武本纪》集解中一则注释指出了杀枭煮汤的具体日期："五月五日为枭羹以赐百官。"对付这么一只小小的飞禽，竟然运用政权的力量消灭它，杀之不足以解恨，还要将其肉熬成汤喝掉，真的恨到了食肉寝皮的程度。于是枭鸟就被推上了儒家意识形态的祭坛，此后，它的厄运就接连不断了。

人们对枭的这种认知，也必然给当时尚处在形成和发展阶段的古汉语留下烙印。翻阅《辞源》，以"枭"字为词根的词共21个，大多数诞生在汉代及其后不久，除少数几个表示勇猛、强悍之意外，其余的都有明显的贬义。今天，科学的进步已自动给猫头鹰的冤案平反昭雪，恢复了它的本来面目，那么，对以"枭"字为词根所组成的贬义词，是否也要来个更正呢？回答是否定的。这既没有必要也不可能。它早已进入民族语言词汇的宝库，千百年来约定俗成，形成了共识，不能任意更改，我们只有历史地看待古人对枭的认知，才能准确地解释古籍中以“枭”字为词根所组成的词语。如果硬要按今天对猫头鹰的科学认识去理解它，那就会犯曲解原意的错误。

赤壁之战发生在东汉末年，其时儒家思想独霸天下已达到三百余年，枭的声誉早已被诋毁得狼藉不堪。鲁肃称刘备为“枭雄”就绝不止称赞刘备是位有本领有才干的人物了，而在于着意指出他另有枭鸟般凶狠、暴戾的一面。再举两例：其一，《文选》中三国魏陈琳替袁绍撰写的讨伐曹操的檄文：“操豺狼野心，潜包祸谋……除灭忠正，专为枭雄。”其二，《三国志·周瑜传》：“刘备以枭雄之姿，而有关羽、张飞熊虎之将，必非久屈为人用者。”从上下文看，这两例“枭雄”分别是说曹操、刘备有杰出的才干，但这种才干中包含着凶狠、专横的性质。因此，我们可以得出结论，“枭雄”一词绝不能与纯属褒义词的“英雄、豪杰”等同起来。事实上，东汉末年的人都将“枭雄”与“英雄、豪杰”区分得清清楚楚。仍以陈琳撰写的讨伐曹操的檄文为例，他指责曹操“专为枭雄”，但文中赞扬袁绍能广泛接纳杰出人物时却说袁绍“提剑挥鼓，发命东夏，收罗英雄，弃瑕取用”。褒贬鲜明地称杰出人物为英雄。至于后世如梁启超在《中国积弱溯源论》中说：“故夫今日之政术，不知经几百千万枭雄险鸷敏练桀黠之民贼，所运算布画，斟酌损益，而今乃集其大成者也。”章炳麟在《代议然否论》中说：“田不自耕植者不得有……旷土不建筑穿治者不得有，不使枭雄拥地以自殖也。”两文中“枭雄”所含的贬义就更加明显。

在现代汉语中，我们很难找到一个与“枭雄”相对应的词，但根据前面的考析，按其基本意思，把它解释为“骁悍强横的杰出人物”应该是符合原意的。依照这一解释再来读《赤壁之战》，就可以得到许多启示。首先，我们不能不赞赏鲁肃的政治智慧。他没有为了说服孙权联合刘备，就只介绍刘备杰出之处（雄），而是实事求是地指出刘备另有彪悍雄强的一面（枭），以提醒孙权在联合刘备时应保持必要的戒备。后来，孙刘联盟期间双方的明争暗斗，以及战后联盟的迅速破裂，都证明鲁肃的预见性和他对孙权的无比忠诚。再说孙权，他听了鲁肃的介绍，知道刘备是一位枭雄，却不因此终止与他结盟的行动。封建割据势力的本质决定了孙权（刘备也一样）想要寻找的盟友，并非什么志同道合的永久性伙伴，只要刘备有抗曹的意愿与能力，就不影响与之结成暂时的联盟。对刘备彪悍强横的一面，则做到心中有数，保持一定的警惕。孙、刘终于结成了同盟，因而在赤壁打败了共同的对手曹操。孙权在辨别矛盾主次、权衡政治利弊得失方面，头脑是清醒的，抉择是明智的，不愧为一位出色的政治家。

所以，正确理解“枭雄”一词，对认识赤壁之战孙刘联盟的性质及其错综复杂的关系非常重要。

老祖母将象笏送给归有光的用意何在

顷之，持一象笏至，曰："此吾祖太常公宣德间执此以朝，他日汝当用之！"

——《项脊轩志》

中语教材：《项脊轩志》

文史知识：古代官员上朝奏事执用的笏

归有光在《项脊轩志》一文中，回忆自己儿时在轩中读书，祖母来看望他的情景时写道："一日，太母过余曰：'吾儿，久不见若影，何竟日默默在此，大类女郎也?'比去，以手阖门，自语曰：'吾家读书久不效，儿之成，则可待乎！'顷之，持一象笏至，曰：'此吾祖太常公宣德间执此以朝，他日汝当用之！'瞻顾遗迹，如在昨日，令人长号不自禁。"文字不长，通过祖母送给他一块象笏鼓励他上进的事，归有光活画出一位充满爱心并对孙儿寄予厚望的老祖母的形象，而他自己缅怀亲人的深情也跃然纸上。可是这样一桩有意义的事，回忆起来，他却为何禁不住放声大哭呢？要解答这一问题，首先必须弄清如下几件事情：

一、象笏是件什么东西？有何作用？二、祖母将象笏送给他的用意何在？三、归有光回忆此事时的心境如何？

笏的产生是出于记事的需要。俗话说，好记性比不上烂笔头。为了防止遗忘，人们特地配备了记事本，把主要的事情记在上面。在一段相当长的时间内，人们用的是纸笔记事，现在仍然以纸笔为主，但有不少人用上了电脑储藏信息，其优越性就更不用说了。古人没有这些条件，由于实际的需要，曾经使用过另一种“记事本”，那就是笏。笏是用竹、木、象牙等一类材料制成的手板，它长二尺六寸，最宽处三寸，上端收尾部分比最宽处约小六分之一。整块笏微微向前弯曲，要记载的事就书写在向内弯曲的一面。执笏的人面对向内弯曲的这面，就能看到笏上所记的文字了。《宋书·礼志五》说：“古者贵贱皆执笏……”后来笏成为官员朝见君王时的专用记事工具，所以叫做“朝笏”。自从与等级制度挂上钩后，它的形制、质地也因执笏人官品的高低不同而有所不同了。古时天子所用的笏以球玉（美玉）制成，诸侯的笏以象牙制成，大夫则以鱼须文竹（斑竹）制成，士以竹木制成。明代前五品以上的官员通用象牙笏，即高级官员方有资格执象牙制造的笏，六品以下的官员则用木笏，所以笏又成了官阶、职权的标志。大概由于这个缘故，民间又把它视为祥瑞之物，将它与磬、葫芦、鼓、花篮合称为“五瑞图”。

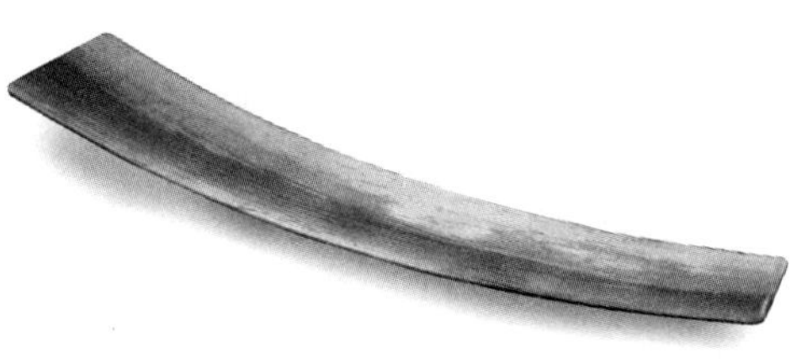

象牙笏

笏的功用基本上与记事本相同，但使用起来远不如记事本方

便。一是记载的事情有限，写满了就得擦掉另写，记载的事情无法长期保存在上面。其次，记事本可以放在衣袋里，随时可以拿出来看；笏这东西长而且硬，实在不好携带，于是古人又想了个办法，插笏于绅，即把笏插在腰带里。这又不能不对“绅”稍作介绍。

绅是束在腰间一头往下垂的大带子。宋代以前，袍衫无扣，都在腰间束条带子，但有地位的人和一般人束的带质地不同，一般人束的是普通的织物，甚至以粗麻绳为之，有地位的人束的是丝制的较宽的带子，在腰间打个结，结头在前面，两头垂下来作为一种装饰，称作“绅”。《论语·卫灵公》：“子张书诸绅。”是说子张听了老师孔子的一席教诲，觉得是至理名言，便把它记在衣带上，一低头就看得到，这样就可以随时提醒自己不忘师训。《古诗》：“衣带日以缓。”衣带束在腰间，一个人如果劳累过度，瘦了，腰围也就缩小了，衣带自然宽松些。衣带围在腰间，再戴上高高的帽子，是古代儒生的装束，称为“峨冠博带”。“博带”终究是衣带，还是比较窄的。隋文帝将要伐陈，陈国在南方，隔着一条长江，文帝说：“我为百姓父母，岂可限一衣带水不拯之乎?”（《南史·陈后主纪》）在隋文帝看来，宽广的长江不过是一衣带那么宽的河流而已。

把笏插在衣带里，古代叫做缙绅，“缙”同“搢”，是插的意思。又由于笏是官员们的专用品，所以后来就把有地位、有权势的人叫做缙绅或绅士。《五人墓碑记》中：“大阉之乱，缙绅而不能易其志者，四海之大，有几人欤?”这儿的“缙绅”一词，就是这个意思。民国年间，人们把横行乡里、鱼肉百姓的霸权人物称为劣绅，即源出于此。

将笏插在衣带内固然比拿在手里方便些，但毕竟有点碍手碍脚，据《旧唐书·张九龄传》载：“故事，皆搢笏于带，而后乘马，九龄体羸，常使人持之，因设笏囊，笏囊之设，自九龄始也。”体弱的张九龄即使插笏于绅仍感不便，不得不做一个袋子装它，让随从拿着。张九龄身居相位，当然有条件设专人持笏，一般官员恐怕就不可能了，只得忍受笏插在腰间的折腾。

朝笏是记事工具，但料想不到的是它还充当过打人的利器。新、旧唐书都记载过这样一件事。唐德宗建中四年，朱泚占据长安，意图反叛，时段秀实任司农卿，很有人望。朱泚为了收买人心，装出一副礼贤下士的模样，特地派人将段秀实接到长安。一天，朱泚召集众人议事，公开提出僭位的打算，段秀实听了非常愤怒，一时手中没有武器，随手夺过邻座源沐的朝笏，对准朱泚的额头狠命砸去，朱泚仓猝间以手臂挡住，血流注地，匍匐于地而逃，结果段秀实遇害。在忠君思想占主导地位的封建时代，段秀实的这一举动，自然被人视为大义凛然，受人赞扬，且有人效法。也是唐德宗在位时的贞元年间（785—805），裴延龄独断专行，无人敢与争锋。一日，官员们在田镐府第会饮，酒兴正浓，礼部侍郎顾少连乘酒兴指着裴延龄大骂道：“段秀实用笏狠击贼臣，今天，我也要用笏痛打你这个奸臣。”说罢，举起朝笏向裴延龄冲去，结果被众人拦住了。古代的文臣，一般不随身带武器，情急中随手操起质地较硬的笏做打人的利器，也是情理中的事，不过说实在的，那只能做做样子，终究不能置对方于死地，以上两则算是笏的趣话。

朝廷官员执笏参加朝会的事，到清朝时正式废除，士大夫的峨冠博带也不复存在。历史的步伐总是向前迈进的，但我们阅读古代作品时，总不免要遇到有关这类事物的描绘，经过这番回顾，知道了笏及其相关知识，我们就不难理解归有光的祖母何以要将祖传的象笏交给刻苦攻读的孙儿了。

据查，归有光祖母的祖父夏昶于宣德年间（1426—1435）曾任太常寺卿，故称之为太常公。太常寺卿一职，秦代始置，叫奉常，汉景帝时改称太常，为九卿之首，主要职责是掌管皇家的宗庙礼仪。明清两代太常寺掌天坛、地坛等帝王宗庙的祭祀，比汉代时职权要小多了，但在叙列朝官地位时，又往往以三品至五品卿的虚衔表示这些官员的待遇，故按制夏昶享有佩带象笏的资格，属于高级官员之列。归有光生于明武宗正德元年（1506），离夏昶任太常寺卿已有 80 余年了。从辈分看，归有光是夏昶的第四代后裔，属玄孙辈，然而归有光的祖母却牢牢地珍藏着这块象牙笏，视之为传家宝，说明她对其祖父曾任朝廷高官感到特别荣耀，现在看到孙子能如此认真读书，相信归家子孙读书长时间没有收到功效的状况，会在这个孙子身上得到突破，因此高兴得将珍藏了几十年的象牙笏交给了他，以资鼓励，希望归有光将来也能当上朝廷高官。归有光自然领会了他祖母的这番心意，所以文中回忆到此，忍不住伤心地哭了起来。这固然表现了他对逝去的祖母的深切怀念，是亲情的流露，但也与他自身当时的境遇有关。在那个时代，读书人的出路就是通过科举考试出去做官，归有光虽然七岁能文，才华出众，可是直到三十五岁上才中举人，后来又连续八次考进士不中，六十岁考中进士后才当个小小的县令，可谓一生不曾得志。他写《项脊轩志》这篇散文的正文部分（祖母送象笏的事就记在这部分）时还未考上举人，自然会想到祖母送象笏表达的期望，但反观自身当下的前途渺茫，于是，对祖母的愧疚，对世道的迷惘，两种心情交织在一起，悲痛的感情已无法抑制，便忍不住长号而哭了。

“裘”何以特别昂贵

不数岁，田百顷，楼阁万椽，牛羊蹄躈各千计；一出门，裘马过世家焉。

——《促织》

今诸生学于太学，县官日有廪稍之供，父母岁有裘葛之遗，无冻馁之患，矣。

——《送东阳马生序》

中语教材：《促织》《送东阳马生序》

文史知识：裘——古代富豪高档次的冬衣

在我国古代文学作品中，经常将豪华的车马和贵重的衣裘作为富有的标志，如《促织》一文，写成名因促织而家败人亡最后又暴富的怪诞现象时，说：“不数岁，田百顷，楼阁万椽，牛羊蹄躈各千计；一出门，裘马过世家焉。”宋濂的《送东阳马生序》在谈到太学攻读的学子们的父母对其子女“岁有裘葛之遗”时，认为这是生活条件富裕的体现。两文都是将豪华车马、贵重衣裘作为拥有财富的例证。关于车马，我们现在从考古发掘的实物展览中或电视表演中都曾目睹过，对它至少有个大致的印象，但对高档次的衣裘即毛皮衣服的知识相对就少多了，尤其是气候温暖很少穿着皮裘的南方人。因此，一般人对毛皮制成的皮袄的优越性能很难有具体的感受。

在习惯上，古人将紫貂和狐狸的毛皮作为制作衣裘的最好原料。《史记·孟尝君列传》言："孟尝君有一狐白裘，直千金，天下无双。"那是不知多少张狐狸腋下一小块一小块白色毛皮聚合起来才缝成的一件又暖又轻的皮袄，而貂皮缝制出的皮袄似乎比狐狸皮的更好，价值更高。《战国策·赵策一》说："李兑送苏秦明月之珠、和氏之璧、黑貂之裘、黄金百镒，苏秦得以为用，西入于秦。"此处，作者是把黑貂之裘与明月之珠、和氏之璧、黄金百镒等贵重物品摆在相等的地位的，足见早在战国时代人们就认识了貂皮的价值。据文献记载，从战国直到清末，貂皮始终是制作高档次的皮袄的首选原材料。

那么，貂皮缝制出的皮袄到底具备了哪些优越的性能呢？让我们具体观赏一下貂皮缝制出来的衣裘吧！

《羊城晚报》1966 年 10 月 10 日第十三版以"百年名裘背后的故事"为题，刊载了一篇报道在湖北民间发现清咸丰皇帝赐给曾国藩、曾国荃兄弟的两件貂皮黄马褂的文章。马褂为骑马穿的短外衣。清制，凡领侍卫内大臣、护军统领等，皆服黄马褂。巡幸时，扈从乘舆，以壮观瞻。也赐给有军功的臣下，称为"赏赐黄马褂"。裘皮制作的黄马褂尤为珍贵，对被赏赐者更是优礼有加。现今能够见到如此珍贵的衣裘实属不易。为此，该文作者特地到收藏者（名裘收藏人杜丽福的曾祖母是曾国荃的孙女）的家中专程拜访，进行了实物考察。文章写道："在武昌东湖畔的湖北省某局宿舍，刘凤高、杜丽福夫妇接待了我。打开一口檀木箱，一股檀香、樟脑味扑鼻而来。刘先生小心翼翼地从中抱出两件用黄绸包裹的皮毛大衣，平摊在床上。两件大衣皮毛平滑柔软，光泽自然鲜艳。基本完好，用嘴一吹，绒毛如水波荡漾。稍大的一件呈深咖啡色，衣长 1.2 米，腰围 1.8 米，袖口周长 0.8 米，皮毛面积3.2 平方米，反面蟒袖处用毛笔写有‘壬字第壹佰卅号’和‘千利’等字样，字体精美，墨迹纯黑朗润。稍小的一件呈浅咖啡色，衣长 1.2 米，腰围 1.6 米，袖口周长 0.6 米，皮毛面积达2.8 平方米，蟒袖反面写有‘暑字第壹佰陆拾贰号’及‘三今’等字样。从裘衣反面看出，每件裘衣由上千片细皮用丝线十分工整地连缀而成，宽者不过3—5 厘米，窄者指头般大小，恰好印证了《史记·货殖列传》‘狐貂裘千皮’之说，可见制作选料和缝纫技术的精细，两件裘衣虽特大且毛绒丰厚，而重量都极轻，分别只有 1.8 公斤、1.3 公斤，可谓之‘轻裘’。”文章继续讲，“两件裘衣的毛绒样品已经经过东北林业大学野生动物资源学院和武汉大学生命科学院标本馆感官鉴定和光学显微镜、扫描电子显微镜的观察，确认是食肉目鼬科貂属的紫貂皮”。通过这篇文章的介绍可知，貂皮裘衣最大的特点就是暖而且轻。保暖与否，是选为制作冬衣的首要条件，但如果皮裘笨重，穿在身上行动不便，那就失去作为衣服的意义了。貂皮做成的衣裘却兼具这两种优点，所以被认为是高档次的衣裘。

这里再举两个将拥有轻裘作为家庭富有标志的事例。孔子的学生子华出使齐国，冉求为子华的母亲请求给些小米。孔子说：“给他六斗四升。”冉求请求再增加些。孔子说：“再给他二斗四升。”冉求却给了子华的母亲八十石小米。孔子说：“赤之适齐也，乘肥马，衣轻裘。吾闻之也，君子周急不济富。”（《论语·雍也》）在孔子看来，既然子华“乘肥马，衣轻裘”，说明他家的生活已非常富裕，因而不赞成给他更多的补助了。孔子的另一个学生子路，为了表示自己对朋友的慷慨大方，公开宣称：“愿车马，衣轻裘，与朋友共，敝之而无憾。”（《论语·公冶长》）两个事例都说明“轻裘”是富贵之家享用的衣着。

貂皮何以这样暖而轻呢？这是由貂鼠本身的生理特点所决定的。貂鼠盛产于我国东北地区的布特哈（今讷河市辖地）地域。那里土地辽阔、沼泽密布，树木丛生，适合于貂鼠生存。貂鼠又名貂鼬，身体细长，四肢短小，色黄或紫黑，种类很多，属食肉目鼬科，其毛光亮，其绒细密，“制为裘、帽奇暖，自肃慎氏以来，历代贡献品也”。（见《黑龙江志稿》第十五）所以民谚说，东北有三宝，貂皮、人参、乌拉草。貂皮是摆在第一位的。清朝统治者发祥于白山黑水之间，深知貂皮的珍贵，其历任皇帝对生活在布特哈地区的达斡尔、鄂温克、鄂伦春等以狩猎为生的民族，都责令他们以此缴纳赋税，规定“无问官兵、散户、身长五尺者，岁纳貂皮一张，定制也”。（《黑龙江外记》卷五）清初，边民尚可勉强维持其税敛，但到乾隆朝后期，由于长年累月的捕杀，加以汉民族的大量涌入，草原被开垦，森林被滥伐，生态平衡遭到严重破坏，紫貂便越来越少。一些汉族商人又趁这些游牧民族急需日用品之际，用以物易物的办法收购貂皮，比如说用铁锅交换貂皮，不管锅子的大小，要用貂皮填满铁锅，这满锅的貂皮就是换取这口锅子的实价。有人写诗说：“估客釜敲声在臂，虞人貂眩紫堆腰，相逢不用频争执，易釜惟凭实釜貂。”把那些奸商蒙骗边民玩弄诡计的狡诈面目活画了出来。然而，政府官吏

的压榨程度更胜于此。黑龙江将军、副都统等人规定："每岁五月，布特哈官兵悉来齐齐哈尔互市，号楚勒罕，译言盟会。"（《黑龙江外记》）他们采取压等、报损等手段，将大量合格的貂皮定为不合格，掷还后再压价收购，每张给银八钱，巧取豪夺。边民敢怒而不敢言。乾隆十六年，终于有个叫奇三的旗人冒死向皇帝告了御状，结果在将军舒亮的官邸搜出大貂皮 295 张，小貂皮 126 块；在副都统处搜出貂皮 44 个，貂蹄 385 副，貂胸皮和肚皮 383 块，貂头 391 个。这就是历史上有名的齐齐哈尔"楚勒罕贡貂"案。从这个案例中，可以看出统治者借征貂皮对边民残酷剥削的程度。

古话说"匹夫无罪，怀璧其罪"，紫貂就因为长了这样一身好皮毛，招来了杀身之祸。各种贪利之徒对它进行了疯狂的屠杀。从清初到乾隆末的一百四五十年间，貂鼬几乎被捕杀殆尽，濒临灭种。

了解了貂皮制作出的"轻裘"，阅读古代文学作品，看到"衣轻裘""黑貂之裘""千金裘"一类文字时，我们的眼前就仿佛出现了一群无辜的小生灵惨遭屠杀的血淋淋的场面。

中山狼心目中的俎豆为何地位尊贵

我馁甚，馁不得食，亦终必亡而已。与其饥死道路，为群兽食，毋宁毙于虞人，以俎豆于贵家。

——《中山狼传》

中语教材：《中山狼传》

文史知识：古代的礼器和盛食物的器具：豆

豆，《说文》解释道："古食肉器也。"《公羊传·桓公四年》注："豆，祭器名，状如镫。"《诗·大雅·生民》篇云："卬（áng，我，后稷自指）盛于豆，于豆与登。"《传》："木曰豆，瓦曰登，荐（献）葅醢（肉酱）也。"《生民》的这两句诗是说，我们祭祀时把祭肉盛于豆中。从以上注释，可知豆是古代盛食物的器具，其作用相当于现代的碗、盘。最早出现的豆是陶质的，在新石器晚期的遗址和墓葬中每有出土。陶豆的形状，很像今天的高足碟，碟下有柄，柄连圈足。青铜豆在商代少见，西周时才出现。西周的豆浅腹，束腰，多无盖无耳，下具高足。到战国时期器腹变深，有的豆把特别细长。

图一　陶豆　　　　图二　青铜豆

豆既是食器，又是祭器，此外，它又是量器，四升为一豆。从豆器的造型可以看出，豆字是一个象形字，豆菽的豆则是一个假借字，与豆器无关。

古人食不共器，宴会上宾主都是各人一份。由于宾主的身份、地位和年龄等的不同，进食的丰俭也就不同，这是根据上述情况的差异而决定的。那么，用餐时每人到底有多少豆（菜肴）?《礼记·乡饮酒》说："六十者三豆，七十者四豆，八十者五豆，九十者六豆。"因为年齿的不同，享用的标准也有所差别。

在古籍中俎豆往往连用，这时所说的俎豆多指宴客、朝聘、祭祀用的礼器。《论语·卫灵公》："卫灵公问阵于孔子，孔子对曰：'俎豆之事，则尝闻之矣。军旅之事，未之学也。'明日遂行。"孔子主张礼治，反对使用武力，卫灵公无道，而又崇尚攻伐之事，所以孔子对其所提的问题不作回答，第二天就离开了卫国。这句话使用的是借代的手法，以祭祀宴享的礼器，指代礼节仪式方面的事。由于孔子是名人，《论语》是儒家的经典，学习的人很多，所以在人们的习惯中，“俎豆之事”便成为礼仪方面的事的同义词了。

祭祀是古贵族的一件大事，能够用作祭祀的器皿被称为礼器，俎豆的身价也随之提高。明代马中锡的寓言故事《中山狼传》，写中山狼被赵简子狩猎时的利箭所伤，恰遇主张兼爱的墨者东郭先生，东郭将狼掩藏在书囊中使狼逃过了一场劫难。赵简子走后，狼从囊中出，“咆哮谓先生曰：‘适为虞人逐，其来甚速，幸先生生我。我馁甚，馁不得食，亦终必亡而已。与其饥死道路，为群兽食，毋宁弊于虞人，以俎豆于贵家。先生既墨者，摩顶放踵，思一利天下，又何吝一躯啖我而全微命乎？’遂鼓吻奋爪，以向先生”。这段话中的俎豆活用为动词，译成现代汉语仍然与俎豆有关，意思是陈列在俎豆里供贵族作食品。这里要特别注意，千万不可解作放在俎豆里作为祭祀宗庙神灵的祭品，因为根据古制，“鸟兽之肉不登于俎，皮革、齿牙、骨角、毛羽不登于器”（《左传·隐公五年》），狼肉自然不能祭献鬼神。中山狼忘恩负义，强词夺理，硬说什么与其死在荒野，被群兽分食，倒不如死在虞人（此处指赵简子）手中，还可以摆在俎豆等食器中，让贵族们吃掉。足见中山狼对俎豆在当时社会中的身价是十分清楚的。在它的思想里，除了忘恩负义、虚伪狡诈之外，还充满着等级观念，即使死了，也期盼放在俎豆这类高贵的器皿中，作贵族家的食品，过一把“上流”地位的瘾。真是顽固已极，反动透顶。

他们为何要做隐士

寓形宇内复几时，曷不委心任去留？胡为乎遑遑欲何之？富贵非吾愿，帝乡不可期。怀良辰以孤往，或植杖而耕耘。登东皋以舒啸，临清流而赋诗。聊乘化以归尽，乐夫天命复奚疑？

——《归去来兮辞》

中语教材：《归去来兮辞》

文史知识：古代的隐士

我国古代隐士之多实在令人惊讶，《论语·微子》列举的大隐者就有伯夷、叔齐、虞仲、夷逸、朱张、柳下惠、少连等七人，而与孔子有过接触的隐士也为数不少。如唱歌讥讽孔子的楚狂接舆；指责孔子“四体不勤，五谷不分”的荷蓧丈人；劝告孔子“莫己知也，斯己而已矣”的荷蒉路人；得知子路是孔子的门人便不再搭理子路的长沮、桀溺……孔子之后，战国时的颜斶（chù）、东晋的陶渊明更是声名赫赫。中国古代的隐士们还著书立说，宣扬隐者的人生哲学，营造出一种隐士文化。不管你承认与否，从西周到清末的两千五百年间，中国封建时代的知识分子都或多或少地受过隐士文化的影响，如唐代的李白激愤地吟出“人生在世不称意，明朝散发弄扁舟”的诗句，表达了想要入隐的打算。大散文家韩愈写过《伯夷颂》，对隐士伯夷倍加赞赏。中语教材曾先后编入《长沮桀溺耦而耕》《归去来兮辞》《归田园居》《复庵记》等文，这些作品都应属于隐士文学的范畴。编选这些文章的目的，自然不是为了宣扬隐士们的处世哲学，但作为一种历史事实，作为一种文化现象，不能无缘无故地抹杀它的存在。讲古代文学丢掉了这一部分，那就算不上完整。隐士的人生观与我们当代社会的指导思想完全相悖，其生活方式也截然不同，教师必须引导学生对它有一个正确的认识。

什么叫隐士？就是隐居不仕的人。孔子说：“学而优则仕。”学习好的人有了知识就可以出去做官。隐士则恰好相反，他们有知识，有文化，却隐居起来，不去从政当官。还有一种叫处士的人，他们的思想基本与隐士相同，也是些没有从政或不准备从政的知识分子。《汉书・异姓诸侯王表》说：“秦既称帝，患周之败，以为起于处士横议。”颜师古注：“处士谓不官于朝而居家者也。”这就是说，处士是些未出仕和不出仕的知识分子，他们居住在家中，还经常对朝政发表一些自己的看法。由此推知，隐士则不但不官于朝，而且也不住在原来的家中。为了表示不与当权者合作的态度，排除当权者纠缠的决心，隐士们干脆躲进偏远的地方或深山老林去居住。如春秋时曾经追随晋文公在外流亡十九年的介之推，在文公回国即位后，不肯提出自己的功劳求得禄赏，和母亲隐居在绵山里。文公知道后非常后悔，放火烧山逼他出来，但介之推坚持不出，竟被烧死在绵山。贾岛《寻隐者不

遇》诗说："松下问童子，言师采药去。只在此山中，云深不知处。"描绘了隐士居住的环境。陶渊明《归田园居》把自己居住的处所，写得更是令人神往。"方宅十余亩，草屋八九间，榆柳荫后檐，桃李罗堂前。暧暧远人村，依依墟里烟。狗吠深巷中，鸡鸣桑树颠。"真有点像西方文人赞赏的牧歌式的生活。

这些有知识、有才智的人，何以要隐居起来呢？听听战国时隐士颜斶的说法吧！齐宣王召见颜斶，很不礼貌地直呼其名说："斶前！"把人格尊严看得高于一切的隐士颜斶，很不满意宣王的这种粗暴态度，便针锋相对地呼叫齐宣王说："王前！"于是宣王左右的人与颜斶爆发了一场关于"王与士孰贵"的争论。宣王一方认为，王侯拥有领土、军队和权力，非士人所可比拟，因此王贵，而士的地位是卑贱的。颜斶则说，商初有诸侯三千，现在只剩下二十四个，而能够保全社稷的诸侯，都是因为谦虚谨慎、诚心向士求教才得以把国家治理好，这说明士比王尊贵。他还举了个例子，从前秦攻齐，秦王下令说："有敢到柳下季垄五十步而樵采者，死不赦。"又命令说："有能得齐王头者，封万户侯，赐金千镒。"由此看来，活着的国王的头颅，竟不如死士的一座坟墓。（参看《战国策·齐策四》）说得齐宣王无话可言，表示愿意拜颜斶为师，请他到齐国去做官，"食必太牢，出必乘车，妻子衣服丽都"。可是颜斶拒绝了。他的理由是："夫玉生于山，制则破焉；非弗宝贵矣，然夫璞不完。士生乎鄙野，推选则禄焉，非不得尊遂也，然而形神不全。斶愿得归。晚食以当肉，安步以当车，无罪以当贵。"颜斶认为，当官的人形体和精神都要受到损伤，士之所以不接受推选，就是不愿意破坏自己清白、高洁的情操，真乃"在山泉水清，出山泉水浊"呀！他的这番话不啻为一篇隐士宣言书。

孔子不是隐士，而且对出仕采取积极的态度。他提出隐与不隐的原则是“邦有道则仕，邦无道则隐”。这个“有道”与“无道”，大概指的是政治是否清明。如果政治清明就不该退隐。他的观点没有颜斶那么绝对化。不过他俩都强调了士必须保持高尚的情操，不可随便入仕。

隐士们这种不与世同流合污的高尚品格确实值得肯定。但也不像颜斶所说的那样，他们的隐居完全是为了保持自己的这种品格。他们中的许多人原本是非常热衷于从政的，而且对治理国家很有自己的见解，只是一些客观原因挡住了他们的从政道路。庄子就指出了其中的一种原因。他说：“古之所谓隐士者，非伏其身而弗见也，非闭其言而不出也，非藏其知而不发也，时命大谬也……不当时命而大穷乎天下，则深根宁极而待，此存身之道也。”（《庄子・缮性》）在庄子看来，隐居不仕不止是为保持自己的清白，在世道混乱的时候，这是保全自己生命的一种方法。颜斶的那份“隐士宣言”未免过于美化了隐士，实际上他们隐居不仕的原因也是多样的。归纳起来，我认为大致有如下几种情况。

一、看破红尘，对社会和前途丧失信心，乃遁迹江湖，把对这个社会的怨恨化解在自由山水之间，去追求一种超然的精神境界。长沮、桀溺就属于这一类型。桀溺对“问津”的子路说：“滔滔者天下皆是也，而谁以易之?”世上纷纷乱乱，礼乐崩坏，如滔滔的大水弥漫，天下都是这样，谁去改变这种状况呢？因此，他劝子路，与其跟随躲孔子离开鲁国，到处奔波，躲避与自己志趣不合的人，还不如跟随他们这些躲避社会的人（隐士），以“日出而作，日入而息，凿井而饮，耕地而食，帝何德于我哉”（《艺文类聚》卷三十六）的生活为乐。

二、坚持节操，不愿为新朝或异族统治者服务而退隐者，伯夷、叔齐便是。他俩坚持节操，耻食周粟，最后饿死在首阳山。距现在时间最近的这一类型的隐者要数明末清初的遗民黄宗羲、顾炎武、王夫之了。他们在清军南下时都曾参加过抵抗运动，失败后隐居，不与清统治者合作。复庵是明末太监范养民于明亡后在华山修建的三间居室，他隐居于此。抱着同样念念不忘恢复明室的感情的顾炎武特意写了《复庵记》一文，歌颂范养民忠于明王朝的气节。

三、仕途不顺，碰了钉子，乃退而隐居，东晋的陶渊明最为典型。陶渊明生活在门阀制度的全盛时期，人才的进退，根本不以德才为依据，像陶渊明这样出身于微寒家庭的士是难以得到晋升的。他二十九岁那年出任江州祭酒，不久就辞官归隐，此后又做过几任参军一类的小官，每次时间都很短。义熙元年（405）又出任彭泽县令，任职八十多天，郡里派一个督邮来县，县吏叫他束带迎接，陶渊明“不愿为五斗米折腰向乡里小儿”，于是愤而挂印回乡，写了著名的《归去来兮辞》表示归隐的决心。“世与我而相违，复驾言兮焉求”是真情的流露，是大实话。他的很多作品，如《归田园居》《五柳先生传》等都与隐士生活有关。

四、为躲避祸患而变姓埋名，隐居江湖者。越王勾践的谋臣范蠡可以作为代表。范蠡辅佐勾践灭吴后，敏感地察觉到勾践对功臣的疑虑，恐遭不测。他给大夫文种送去一信说：“蜚鸟尽，良弓藏；狡兔死，走狗烹。越王为人长颈鸟喙，可与共患难，不可与共乐，子何不去？”（《史记·越王勾践世家》）范蠡“遂乘轻舟以浮于五湖，莫知其所终极”。（《国语·越语下》）文种不听，后来果被勾践赐剑自杀死。

五、名为隐居，实则借此提高自己的声望，待价而沽。封建时代，许多知识分子在出仕前有过所谓的隐居生活，在社会上营造出良好的声誉，吸引当权者招纳。诸葛亮早期隐居在南阳，徐庶在向刘备介绍他的情况时说：“诸葛孔明者，卧龙也。”用卧龙来比喻他是隐居的俊杰。

等而下之，还有人“不言禄，禄亦弗及”，却在那里自称为隐士的就不屑一提了。

关于隐士的生活，古籍中往往把他们描绘成自食其力、乐天知命的人。鲁迅先生有着不同的看法，他在《隐士》一文中作了深刻的分析。认为“凡是有名的隐士，他总是已经有了‘优哉游哉，聊以卒岁’的幸福的。倘不然，朝砍柴，昼耕田，晓浇菜，夜织屦，又哪有吸烟品茗，吟诗作文的闲暇？陶渊明先生是我们中国赫赫有名的大隐，一名‘田园诗人’，自然，他并不办期刊，也赶不上吃庚款，然而他有奴子。晋汉时候的奴子是不但侍候主人，而且给主人种地，营商的，正是生财器具。所以虽是渊明先生，也还略略有些生财之道在，要不然，他老人家不但没有酒喝，而且没饭吃，早已在东篱旁饿死了”。鲁迅的话有许多是暗中影射在阶级斗争激烈的年代却自命清高的人的，但对古代隐士的分析也确是十分中肯的，真能像长沮、桀溺那样躬耕于陇亩的隐士恐怕是不多的。

毛泽东对隐士所持的态度是否定的。他说：“唐朝的韩愈写过《伯夷颂》，颂的是一个对自己国家的人民不负责任、开小差逃跑，又反对武王领导的当时人民解放战争，颇有些‘民主个人主义’思想的伯夷，那是颂错了。”（《别了，司徒雷登》）确实，对于这些消极避世的人，我们不应该给以颂扬，但对那些真心诚意的隐者，也应看到他们憎恨旧制度的黑暗，不愿与反动统治者同流合污的一面，尤其是像陶渊明、顾炎武等一类隐者，“他于世事也没有遗忘和冷淡”（鲁迅语），退隐后专事创作、著述、歌唱人类最美好的事物，传承人类的精神文明，值得我们肯定。所以，在评价某个隐士时，不但要考虑他归隐的原因，更应该看他归隐后是否保持了高洁的情操，方可作出结论。

附 录

昭君何以主动出塞和亲

在大青山脚下，只有一个古迹是永远不会废弃的，那就是被称为青冢的昭君墓。因为在内蒙人民的心中，王昭君已经不是一个人物，而是一个象征，一个民族友好的象征；昭君墓也不是一个坟墓，而是一座民族友好的历史纪念塔。

——《内蒙访古》

中语教材：《内蒙访古》

文史知识：汉匈的和亲历史

《内蒙访古》是历史学家翦伯赞1960年访问内蒙后写的一篇游记性的散文。其中的“在大青山下”部分，介绍了坐落于呼和浩特附近的一处古迹——昭君墓。为了汉匈两族的和平与友谊而远嫁漠北的王昭君，就静静地躺在这座坟墓内。作者赞扬道：“在大青山脚下，只有一个古迹是永远不会废弃的，那就是被称为青冢的昭君墓。因为在内蒙人民的心中，王昭君已经不是一个

人物，而是一个象征，一个民族友好的象征；昭君墓也不是一个坟墓，而是一座民族友好的历史纪念塔。”末了，作者批评有人认为“昭君出塞是民族的耻辱”的论调。他说：“在封建时代要建立民族之间的友好关系……主要的是依靠统治阶级之间的和解，而统治阶级之间的和解又主要的是决定于双方力量的对比，以及由此产生的封建关系的改善，和亲就是改善封建关系的一种方式。当然和亲也是在不同的历史条件下出现的。有些和亲是被迫的，但也有些不是被迫的。昭君出塞就没有任何被迫的情况存在……和亲政策比战争政策总要好得多。”

翦伯赞的这些观点当然是在历史事实的基础上通过深入的研究、分析而得出来的。如果学生对昭君出塞及其有关历史缺乏了解，那就很难体会到这些论断的科学性，至多只能消极地记住它，而不能化为自己的认知。

自周秦以来，北方的匈奴一直是汉民族的外患。这些游牧民族逐水草迁徙，善骑射，每年草长马肥就越过边境来掠夺，构成对汉领土和汉民族的严重威胁。公元前200年，汉高祖刘邦率三十二万大军去讨伐它，想要根除这一祸患，不料反被冒顿单于的四十万精兵在晋阳附近的白登山围了七天七夜，险些做了俘虏。其后，西汉统治者只得采取和亲的办法，求得暂时的安宁。《史记·匈奴传》说：“汉亦引兵而罢，使刘敬结和亲之约。”《汉书·匈奴传》也说：“乃使刘敬奉宗室女翁主（颜师古注：诸王女曰翁主者，言其父自主婚）为单于阏氏，岁奉匈奴絮缯酒食物各有数，约为兄弟以和亲，冒顿乃少止。”看了这些记载，可知所谓和亲，就是两个民族之间的政治联姻，通过嫁娶公主达到双方和平相处的目的。

据《汉书》记载，西汉期间到汉宣帝神爵二年（前 60）九月止，在对匈奴的和亲中，共嫁去了十一位公主，除刘邦的那次外，其余出嫁的时间依次为：

惠帝三年（前 192），“以宗室女为公主，嫁匈奴单于”。（《汉书・惠帝纪》）这次和亲的具体过程是：冒顿见刘邦已死，益发骄横，遣使向高后送出国书云：“孤偾之君，生于沮泽之中，长于平野牛马之城，数至边境，愿游中国。陛下独立，孤偾独居，两主不乐，无以自虞，愿以所有，易其所无。”公然以淫秽之辞侮辱吕后。高后大怒，本欲斩杀来使，发兵征讨，但考虑到国家实力远不足以制服匈奴，不得已作书回答说：“单于不忘敝邑，赐之以书，敝邑恐惧。退日自图，年老气衰，发齿堕落，行步失度，单于过听，不足以自污。敝邑无罪，宜在见赦。窃有御车二乘，马二驷，以奉常驾。”（《汉书・匈奴传》）尽是些低三下四的话，足见当时汉朝之衰弱，根本就不敢与匈奴对抗，在冒顿的同意下“遂和亲”了结。文帝四年（前 176）六月，匈奴冒顿单于遣使送书信给文帝，愿求和亲，汉许之。文帝六年（前 174）冒顿单于死，其子稽粥立，号称老上单于，“文帝复遣宗人女翁主为单于阏氏”。（《汉书・匈奴传》）文帝十四年（前 166），匈奴贵族数次侵入汉之云中、辽东，汉患之，使遗匈奴书，单于亦复使当户（匈奴官名）报谢，“复言和亲事”。（《史记・匈奴列传》）文帝后元三年（前 161），匈奴老上单于死，子军臣单于立。后元四年（前 160），文帝复与匈奴和亲。景帝元年（前 156）四月，“遣御史大夫青翟至代下与匈奴和亲”。（《汉书・景帝纪》）景帝二年（前 155）秋，“与匈奴和亲”。（同上）景帝五年（前 152）正月，“遣公主嫁匈奴单于”。（同

上）武帝即位初期，“饰子女以配单于”。（《汉书·武帝纪》）

这些和亲大多是汉朝国势微弱，被迫对匈奴屈辱妥协的产物。直到汉武帝中后期情况才有了根本的改变。汉武帝派大将军卫青、霍去病率重兵几次深入匈奴境内，给予沉重的打击，匈奴势力迅即转弱，渐次无力外侵。不过汉宣帝神爵二年（前20）九月，还进行过一次和亲（《汉书·宣帝纪》“匈奴单于遣名王奉献，贺正月，始和亲”）。情况的根本改变是在汉宣帝末年到汉元帝之初，此时，匈奴统治集团萧墙衅起，相互杀伐不休，最后只剩下呼韩邪单于和他的哥哥郅支单于两支力量对峙。呼韩邪敌不过郅支，又害怕受到汉朝和郅支的两面夹攻，决定向汉朝投降。宣帝得到消息，特别高兴，亲自到京郊迎接，用的礼仪高于诸侯王。在呼韩邪留居长安的一个多月中，频设酒宴款待，又送给他许多金银财宝、绫罗绸缎，呼韩邪非常感动，“自请愿留居光禄塞下，有急保汉受降城”（《汉书·匈奴传》）。临走时，宣帝派了两员大将，一万六千余骑兵护送他直到漠南。在汉朝的帮助下，呼韩邪诛杀了郅支，重新统一了匈奴，并与汉建立了友好的关系，从而扭转了自汉初以来150年间汉匈敌对的局面。元帝竟宁元年（前33）春，呼韩邪单于第三次入汉，上书汉天子。“自言愿婿汉氏以自亲”（《汉书·匈奴传》），即请求和亲。元帝当即应允，以后宫良家子王嫱赐予呼韩邪单于。“昭君出塞”便是在这样的背景下进行的。

王昭君，南郡姊归（今湖北境内）人，名嫱，字昭君，仪容雅丽，举止端庄。元帝时被送入宫，虽说是民间女子，但知书识礼，深明大义，颇具一定的文化素养。封建时代的宫女，一进入后宫就像进了牢笼，如果得不到皇帝的召幸，便永无出头之日。如秦始皇的后宫，“有不得见者，三十六年”。汉元帝自不例外，《西京杂记》说：“元帝后宫既多，不得常见，乃使画工图形，按图召幸之。诸宫人皆赂画工，多者十万，少者亦不减五万，独王嫱不肯，遂不得见。”恰逢呼韩邪单于入汉，请与汉结亲，元帝应允，传旨后宫，愿意嫁给匈奴单于者就按公主的规格来对待。这时，王嫱主动请行，于是元帝下诏曰：“匈奴郅支单于背叛礼义，既伏其辜，呼韩邪单于不忘恩德，向慕礼义，复修朝贺之礼，愿保塞传之无穷，边陲长无兵革之事。其改元为‘竟宁’，赐单于待诏掖庭王嫱为阏氏。”（《汉书·元帝纪》）为了纪念这事，还特地将年号由“建昭”改为“竟宁”，隐含着永远安宁的意思。可见汉家朝廷是把昭君出塞当作汉匈两家和平友好的一件大事来做的。昭君嫁到匈奴后，做了呼韩邪单于的阏氏，生了个儿子叫伊屠智伢师。昭君又帮助呼韩邪改变了匈奴民族单一从事游牧生活的习惯，使匈奴出现了人畜两旺的景象。呼韩邪去世后，又按匈奴的风俗将她改嫁给新单于，呼韩邪前妻所生的长子复株累为妻，后生有二女，长女须卜居次、小女当于居次。汉平帝时，单于派遣昭君的女儿须卜居次归汉，入侍皇太后。王莽执政时期，汉匈关系曾一度紧张，须卜居次和她的丈夫须卜当挺身而出，从中斡旋。

王昭君去世后，安葬在归化（今呼和浩特）郊外，墓冢坐北朝南，英灵能永远遥望到自己的故乡。昭君墓及其周围，长年长满绿草。在那样寒冷干燥的沙漠地带，实属罕见的现象，故被人称为“青冢”。似乎冥冥之中，确有一位神灵在护佑着这位功勋卓著的和平使者，这又给昭君出塞其人其事增添了若干神奇的色彩，成为千百年来人们传诵的佳话。

正如翦伯赞所说，昭君出塞是一次真正友好的联姻，但可惜的是，并非所有的人都持这种观点，有些古代文人甚至将昭君出塞看成是汉民族的耻辱，最典型的要数唐代的戎昱，他的“咏昭君诗”说：“汉家青史上，计拙是和亲。社稷依明主，安危托妇人。岂能将玉貌，便拟静胡尘。地下千年骨，谁为辅佐臣。”在戎昱的笔下，和亲是笨拙的计策。“安危托妇人”，有失国家体面。他不看敌我力量对比，不根据实际情况灵活运用策略，更没有考虑民族之间和平共处可以促进共同发展。忽视这些自然是要吃大亏的。有个生动的事例，五代后唐末帝李从珂，探知石敬瑭阴谋篡夺自己的皇位，便向亲信们求计。给事中李崧等说，石敬瑭如果真要实现其诡计，必定要勾结契丹为援，现在契丹屡次要求与我和亲，我们答应他的要求，那石敬瑭也就无所用其诡计了。李从珂最初认为他们的看法很对，欣然接受这一建议。可是枢密直学士薛文遇却说：“以天子之尊，屈身奉夷狄，不亦辱乎！又虏若循故事求公主，何以拒之？”说完就特意诵读了“安危托妇人”这句诗给末帝听。李从珂听了，立即改变了与契丹和亲的主意，并责骂李崧等说：“卿辈皆知古今，欲佐人主致太平，今乃为谋如是！朕一女尚乳臭，卿欲弃之沙漠耶？且欲以养士之财输之虏廷，其意安在？”吓得李崧等汗流浃背，群臣谁也不敢再言和亲之事了。两年以后，后唐政权就被石敬瑭勾结契丹推翻了。（参看《资治通鉴·后晋纪》）论者以为，见识短浅，拒绝和亲是造成李从珂身死国灭的主要原因之一。

有人假借昭君本人之名，拟写了一首《怨旷思惟歌》：“秋木萋萋，其叶萎黄。有鸟处山，集于苞桑。养育毛羽，形容生光。既得升云，游倚曲房。离宫绝旷，身体摧藏。志念抑沉，不得颉颃。虽得餧食，心有回徨。我独伊何，改往变常。翩翩之燕，远集西羌。高山峨峨，河水泱泱。父兮母兮，道里悠长。呜呼哀哉，忧心恻伤！”这就是被后人称为《昭君怨》的词曲。昭君自请出塞，在那里夫妻和睦，生活幸福，决不会唱出这样与自己心情不相符的调子。唐代名诗人杜甫也有一首写昭君的《咏怀古迹》，其中有云：“一去紫台连朔漠，独留青冢向黄昏。”“环佩空归月夜魂”“千载琵琶作胡语，分明怨恨曲中论。”这些句子也没有超出慨叹昭君身世凄凉、命运乖蹇、满腔怨恨的窠臼。

有人统计，以昭君出塞为题材的诗词作品，流传至今的有七百来首，其中大部分都将昭君描绘成双泪直流，满腔怨恨走出塞外。对于这些作品我们也不能一概加以否定。有些作品是写在统治阶级对外屈辱投降时期，作者通过对昭君形象的描绘表达对卖国政策的抗议；有些作品是出于对和亲女子的同情而作的。当时，汉民族与周边少数民族相比，无论物质文明或精神文明都要先进得多。那些和亲的女子，远离故乡，举目无亲，言语不通，过着寂寞的生活，还要适应某些野蛮的民俗，比如丈夫死了要再嫁给丈夫前妻所生的儿子为妻，处境确实令人同情。如同样担当和亲任务而嫁予少数民族乌孙王的细君公主，曾作诗抒发自己的苦闷说：“吾家嫁我兮天一方，远托异国兮乌孙王。庐为室兮旃为墙，以肉为食兮酪为浆。居常思土兮心内伤，愿为黄鹄兮归故乡。”（《汉书·西域传》）连汉武帝知道此事后也非常同情。对昭君出塞给予充分肯定的翦伯赞，在写到昭君墓前原有的享堂及文物已遭破坏时说：“现在这些东西都没有了，只有一个石虎伏在台阶下面陪伴这位远嫁的姑娘。”不也流露出些许同情之心嘛！同情、怜悯昭君并不等于反对昭君出塞。因此，除了那些站在大汉族主义和轻视妇女的立场反对昭君出塞的作品外，对其他以昭君其事为题材的创作都要进行具体分析，方能作出公正的评价。

我们更应该看到，流传到今的七百多篇诗词也有不少是推崇昭君其人其事的。如唐人张仲素的《王昭君》诗说："仙娥今下嫁，骄子自同和。剑戟归田尽，牛羊绕塞多。"元人张翥用《昭君怨》词牌反其意而用之，说："队队毡车细马，簇拥阏氏如画。却胜汉宫人，闭长门。看取娥眉妒宠，身后谁知遗冢？千载草青青，有芳名。"清代湘潭女诗人郭漱玉、郭润玉姊妹，分别有咏王昭君的诗，姐说："竟抱琵琶塞外行，非关画图误倾城，汉家议就和戎策，差胜边防十万军。"妹说："漫道黄金误此身，朔风吹散马头尘。琵琶一曲干戈靖，论到边功是美人。"这些诗词写出了昭君出塞给汉匈两族和睦相处作出的贡献。

到此为止，我们对昭君出塞的背景、出塞的经过、出塞后形成的和平局面，以及从古到现代人们对这一事件正反两面的评价有了一个大致的了解，再来领会翦伯赞在《内蒙访古》一文中提出的"和亲政策比战争政策要好得多"的论断，就不能不从内心里表示信服。

凡是为国家民族的生存、巩固、发展作过贡献的人，人民总是对他抱着敬仰和怀念之情的。对待王昭君也是这样。国家前副主席董必武的昭君诗说得好，"昭君自有千秋在，胡汉和亲识见高。词客各抒胸臆懑，舞文弄墨总徒劳"。就借以作为本文的结束语吧。

无风的潭面与未磨的镜面相似在哪里

湖光秋月两相和，潭面无风镜未磨。遥望洞庭山水翠，白银盘里一青螺。

——《望洞庭》

出处：高考试题

文史知识：古代的铜镜

“湖光秋月两相和，潭面无风镜未磨。遥望洞庭山水翠，白银盘里一青螺。”初读去，明白如话。秋夜里，洞庭湖湖水和明月的清光辉映成趣，水天一色，湖面无风，像未磨的镜面。湖心立着君山，远远望去，宛如白银盘里盛着一只青螺。但仔细一想，“镜未磨”到底是什么模样？秋月下，无风的湖面与未磨的镜面相似在哪里？这情景在我们的脑海中并不太清晰，因为唐人使用的是铜镜，与我们今天使用的玻璃镜有很大的不同。

鲁迅好像说过，镜子的发明女人的功劳应该最大，这当然是句开玩笑的话。我们的先民住在山野，出没于河流溪涧之畔，随

四叶纹战国镜（上海博物馆藏）

时都能看到自己倒映在水中的影子。聪明人便拿瓦器盛水来照自己的容貌，这便是最初的镜子。商周时，青铜的铸造技术已相当发达，人们用铜盘盛水来照自己的容貌。有人从铜盘里光滑的水平面得到启示，铸出铜镜。古人称这种镜为“鉴”，镜、鉴是同一个意思。现在我们从出土的实物和文献记载中，可证商周时代确已有了铜镜。随着社会的发展，铸造铜镜的水平相应提高，有条件使用它的人也逐渐增多。据《左传·庄公二十一年》（前673）记载，郑厉公和虢公两人帮助周惠王打回京城，杀了叛逆的王子颓，夺回政权。郑厉公设享礼款待周惠王，惠王把王后的鞶鉴赐给他（“王以后之鞶鉴予之”）。鞶是大带子，监是镜子。鞶鉴就是用镜子作装饰品的束衣大带。虢公也请求赏赐器物，周惠王便赐给他一只青铜酒杯（“王予之爵”）。后来郑厉公的儿子郑文公认为他父亲得到的赐品不如虢公的贵重，因此怨恨周王。这事说明铜镜不但被人用来照相，有的还用来做衣物的装饰品，不过其价值在礼器酒具之下。

过了三四百年，《战国策》记载了一个故事。邹忌羡慕城北徐公长得英俊，“朝服衣冠，窥镜”，自以为比不上他。与徐公相晤之后，“窥镜而自视，又弗如远甚”。这个记载说明战国时镜子已进入到人们的日常生活中。又过了几百年的南北朝时期（386—589），征战胜利返回家乡的木兰，她在恢复自己的女郎身份后，做的第一件事是“当窗理云鬓，对镜贴花黄”。邹忌拥有铜镜，但他毕竟是齐国的国相，铜镜还只掌握在贵族手中，而《木兰诗》就证明了南北朝时期，镜子已普及到木兰这样的“寻常百姓家”了。到刘禹锡写这首诗的唐朝，冶炼技术已相当高超，铜镜的工艺水平达到了一个新的高峰。唐太宗曾就镜子的功能发表过一番颇具哲理的名言。他说：“人以铜为镜，可以正衣冠；以古为镜，可以见兴替；以人为镜，可以知得失。”强调以别人的经验教训来对照自己的言行，就会知道什么是正确，什么是错误。唐代文学作品中有关镜子的描写更是不可胜数。中学语文教材涉及镜子的名句有“君不见高堂明镜悲白发，朝如青丝暮成雪”（李白《将进酒》），“明星荧荧，开妆镜也”（杜牧《阿房宫赋》）等。

中国人似乎与镜子有很深的情结，这里不能不提“破镜重圆”的故事了。南朝末，陈太子舍人徐德言娶陈后主的妹妹乐昌公主为妻，夫妻感情深厚。当时陈国的政治腐败，徐德言想到国破后夫妻必遭离乱，他将一面铜镜砸开，夫妻各藏一半，相约一旦散失，每年正月十五就到京城闹市卖镜相认。及陈亡，乐昌公主被隋朝大臣杨素占有。徐德言依约到京，见一老仆人在街头叫卖半边铜镜，与自己所藏的另一半完全吻合，乃题诗一首：“镜与人俱去，镜归人不归；无复嫦娥影，空照明月辉。”公主得诗，悲泣不食。杨素得知，召见徐德言，将公主归还给他。镜子成了乐昌夫妻重聚的中介物，所以“破镜重圆”成了夫妻离散或决裂后重又团聚的比喻词。要知破镜何以能圆，如果抛开乐昌公主夫妻的悲喜剧，单从镜子的能破能圆的技术角度来讲，那就要了解一下镜子的铸造过程。

铜镜的制造至少要包括配料、铸造镜坯子和打磨等工序。铜镜并非纯粹的青铜铸造而成。纯粹的铜铸出来的镜子，其光洁度不够理想，照出来的人影也就不太清晰。由于铜的硬度很高，更不可能一下子砸开。实际上，铜镜是以铜为主加上锡后来又掺和了锌等金属铸造而成的，有的还掺入了白银，因而镜面成青白色，照出的人像就分外清晰。掺入了锡，合金的性能变得坚而且脆。含锡的比例越高，脆性就越大，光洁度也相应提高。据说，含锡量至少占25%才易于砸碎。所以乐昌公主的那面铜镜可能加入了这个数量的锡，和锌、银等合金一起铸成的。镜子的形状和纹饰均由模具来决定。一般是圆形的，也有椭圆形、八棱、八方委角、海棠花等形。镜子背面的图案、纹饰更是异彩纷呈，有的还有铭文。这样的镜子破后重圆，就像虎符一般，只有原物方可契合如初。最后一道工序是打磨。从模具里浇铸出来的镜坯子，镜面上必然会有些高低不平，麻麻点点，要经过细致的打磨，达到一定的光洁度方能照出人影。这时，制造一面镜子的任务才算完成。

现在我们可以探讨秋月下无风的湖面与未曾打磨的镜子的镜面是否相似了。有人认为，八百里洞庭即使无风也会微波荡漾，它的样子就像刚铸出来铜镜坯子，上面布满了密密麻麻的点子，这就是“潭面无风镜未磨”的景象。但细读原诗，强调的是静的境界，与微波荡漾的情景截然不同，更主要的这个说法只涉及湖面的情况，而映照在湖面上的秋月却没有得到表达，所以这个解释不符合诗句的实际内容。又有人认为，诗句中的“磨”字，可以解作“拭磨”“轻轻擦一下”的意思。（见《历代绝句选》薛春萌、丁如明选注，广西人民出版社出版，1984年版）在古典戏剧中，我们看到剧中的仕女们照镜时，先要揭开罩在镜面上的镜衣。如果没盖镜衣，镜面就会落满灰尘，必须将它拭去，否则镜面就会朦胧不清，这才是“镜未磨”的景象。这与远望中秋月下的洞庭湖湖面朦胧不清的情状十分相似。但这个解释也不能自圆其说，如果镜面上沾满可灰尘，只需轻轻拂拭一下，即可擦掉，哪里用得着“磨”呢？“磨”是用磨具对另一种物体使劲地反复摩擦，与“拭”的轻重程度有很大的差别。将“磨”字解作“拭磨”“擦一下”没有依据。其实磨就是磨冶。原来古人使用的铜镜，由于暴露在空气中，使用到一定时间便会起化学反应，产生一层碱式碳酸铜（$Cu(OH)_2CuCO_3$）或氧化锌（ZnO）之类的翳膜，镜面变得渐次昏暗不明，需要间常进行磨冶，去掉它的锈蚀，所以，那时有一种以磨镜为职业的工匠从事这一工作。如果没有这些手艺人，起了锈蚀的镜子便无法恢复其照相的功能。辛弃疾在一首写中秋夜月的词中说：“一轮秋影转金波，飞镜又重磨。”（《太常引·建康中秋夜为吕叔潜赋》）形容中秋夜月像新近磨冶过的铜镜那样明亮，足证磨镜的重要作用。这么说来，存在着两种“镜未磨”的现象。一种是指从模具里刚取出来的铜镜坯子，还没有完成其最后一道打磨的工序，镜面上布满密密麻麻的点子；另一种是使用了若干时间的镜子，在空气的作用下起了锈蚀，镜面上长满了一层翳膜，尚未重磨。《望洞庭》中的“镜未磨”属于哪一种磨呢？显然是第二种。我们按照第二种解释来模拟一下“湖光秋月两相和，潭面无风镜未磨”的画面，就会看到：洞庭湖湖面水波不兴，月光朦胧，有如一块起了层灰暗色翳膜尚未重磨的镜面，泛起一片模模糊糊的白光。这样的解释符合“镜未磨”的事实，把远望中秋月下洞庭湖的实景描绘得十分真切，是“湖光秋月两相和”的具体写照。秋夜月光下水色朦胧；古铜镜锈蚀后未经磨冶，光洁度也有点朦胧。刘禹锡正是抓住了两者的共同特点来进行比喻的。

君山——水仙头上的螺髻

烟波不动影沉沉，碧色全无翠色深。疑是水仙梳洗处，一螺青黛镜中心。

——《题君山》

出处：高考试题

文史知识：古代妇女的发式

高考命题涉及古代文学常识时，命题者会把握住一条准则，就是所提的这些常识不应超过中学生曾经学习或接触的范围，否则就会影响他们对材料本身的理解。理解不清又如何去判断、分析呢？1979 年高考，考了两首诗，一首是上文的《望洞庭》；另一首也是唐诗，作者雍陶，题名《题君山》，这两首诗存在超出中学生知识范围的嫌疑。《题君山》诗云："烟波不动影沉沉，碧色全无翠色深。疑是水仙梳洗处，一螺青黛镜中心。"诗歌描绘洞庭湖上青翠的君山倒映在水中，它的影子让人以为是水仙对着碧绿湖水梳洗她秀发映出的螺髻。山是人人熟悉的事物，但螺髻却不是。螺髻是古代妇女的一种发式，现代女性尤其是青年女性已很少梳理这种发式。中学生更无从知晓，要理解将君山比作妇女的螺髻的精妙之处，先得向读者介绍螺髻是个什么模样，说一说古代妇女怎样爱惜自己的秀发的。

每个人头上都长着头发，但不同性别、不同年龄、不同时代所梳理的发式各异。古时候，汉民族小孩的头发习惯上任其下垂。儿童下垂的头发叫髫，因此称儿童或童年为“垂髫”。《桃花源记》中说：“黄发垂髫并怡然自乐。”其中“垂髫”便是代指儿童。稍长，头发增多了，就剪发齐眉，称作“髦”，或聚两髦成“总角”。“总角”是像角的两结头发，因为其形状像兽的两只角而得名。男子到了二十岁，女子到了十五岁算是成年了，便要总发为髻，就是让生长出来的头发不剪不剃。全部留着，一齐挽到头上打个髻，叫“结发”。从“垂髫”到“总角”再到“结发”，是走上成人的三个台阶。结发的目的是便于插簪戴帽。男孩二十岁要举行加冠礼（即成人礼），而加冠就得通过用簪子等把冠固定在发髻上；女孩结发插笄（jī，束发用簪子），把发髻固定，不让头发松垮，所以女孩成年又叫“及笄”。发型与成人有着这样密切的关系。

头发原本是用以保护头皮的。中国人有个观点，须发受之父母，不能随意损坏。为了保护头发，常常闹出些故事来。有的人脱了头发，就用假发来掩盖，《诗经·鄘风·君子偕老》篇，写一个人留了一头假发：“鬒发如云，不屑髢也。”（一蓬蓬的黑发像云涌一般，细看原来是假发挟在上面）《庄子·天地》篇也记载了假发的事，“有虞氏之药疡也，秃而施髢，病而求医”。凭上述两则记载，可知古代装假发并非个别现象。

女人要是长着一头秀发，自然是最理想的事。满头乌发的女性，总会受到人们的青睐和羡慕。南朝后主陈叔宝的宠妃张丽华，发长七尺，获得了“发光鉴人”的赞美。晋陶侃家贫，他母亲的头发长而且秀，客人来了，家里无钱办招待，侃母就将头发剪掉，卖钱办酒席款待来客，被社会称为贤母。可见古人对头发特别爱惜，当时就已认识到这是一种可出卖的财富。剪掉它无疑下过很大的决心。更有甚者，春秋时卫庄公从城墙上望见戎州人己氏妻子的头发非常漂亮，就构罪陷害她。髡（kūn）了她的头发，把剪下来的头发给自己妻子吕姜做假发。后来工匠们忍受不了庄公的繁重劳役，起而叛乱，戎州人也反叛庄公。庄公逃跑时越墙，偏又跌在戎人己氏家里。庄公拿出块玉璧给己氏说：“活我，吾与女璧。”己氏曰：“杀女，璧其焉往?”于是杀了庄公，并获得了那块玉璧。（参看《左传·哀公十七年》）庄公因为剪了别人的头发，连最后一点活命的机会也丧失了，实在是咎由自取。

一头秀发，确实是上苍赐给女人的厚礼。随着社会物质财富的增加，爱美观念的发展，聪明的女人根据自己的身份、年龄、身材、面庞和时尚爱好等，将头发梳理成各种合适的模样，美化自己的形象。从文献记载上看，就有堕马髻、望仙髻、同心髻、三角髻、乐游髻、乌蛮髻、凌云髻、朝天髻、螺髻等发型。漂亮的女人在自己发髻上再插佩些贵重的首饰，更是锦上添花了。白居易的《长恨歌》描写杨贵妃的姿容时，有“云鬓花颜金步摇”之句，乌云般的发髻上插着金光闪闪的步摇，随美人走动的步伐轻轻地摇晃。这是用秀发衬托美人形象的最生动写照。那么，《题君山》中的螺髻是种怎样的发型呢？螺是一种软体动物，体外包着锥形或纺锤形状的外壳，上有旋纹。发髻以螺名，可以想见这种发型是盘旋而上，像一只田螺模样。唐代妇女就很喜欢这种发型。

《望洞庭》与《题君山》两诗都以“螺”比喻君山。刘禹锡将皓月银辉下的洞庭湖比喻为一只银盘，君山则被直接说成是一只青螺，贴切而形象，白色的银盘里盛着只青螺，呈现在读者面前的已不再是山和水了，而是一幅精美的艺术品，给人以无限的享受。《题君山》将洞庭湖比作一面镜子，君山则被比喻为水仙头上的螺髻。仙女通常说的是美貌的女子，这里的水仙具体指娥皇、女英。相传舜帝南巡，死于苍梧（今湖南宁远县境）。他的二妃闻讯，追踪至湘水边，流下的泪水洒在竹子上成了斑竹。后二妃亦死于江、湘间，就葬在洞庭湖的君山上。现君山上仍保存传说中二妃的墓冢，冢门联曰：“君妃二魄芳千古，山竹诸斑泪一人。”盛赞二妃对舜帝爱情之忠贞。二妃感情之真诚，感动了上天，飞升成仙，称为湘君。这里将神话传说融于景物描写之中。如果说《望洞庭》通过贴切的比喻，给我们提供了一幅静态的景物图；《题君山》则通过贴切的比喻，将洞庭湖上的君山“动化”了。你可以想象一下：水仙对着湖水梳理她散乱了的螺髻，万种风情更令人怜爱，君山也就更加绰约多姿了。

螺髻图